人 文 通 识

# 立干以扶枝

中国近代思想文化史基本议题十讲

瞿骏 著

社会科学文献出版社

SOCIAL SCIENCES ACADEMIC PRESS (CHINA)

　　本书获得中国历史研究院"兰台青年学者计划"项目（2022LTQN606）支持，特此致谢。

# 自　序

　　本书是我这些年给本科生、研究生上课形成的一部分讲稿的结集。在高校任职，百人以上的专业大课和为不同专业学生开设公共课对教师都是巨大的挑战，当然同时也是很好的锻炼机会。2007年甫毕业留校，系里就安排我上中国通史里的"中国近代史"专业基础课。第一次进教室，见到下面黑压压百来号人，遂深刻地体会到"两股战战"是什么滋味。幸好讲台够高，能挡住腿部，脸上则勉强维持，尽量不动声色，但从同学眼中看去，这老师的神情一定是蛮奇怪的——假装淡定。

　　转眼十多年过去，"两股战战"已成为过去，但心里的忐忑却是有增无减。在高校讲课当然紧密联系于教师的学术研究（若不是一个好的研究者，基本难以成为好的高校教师），但又不等同于教师直接做学术报告。对历史学专业的学生培养而言，我们迎头碰上的难题就是如何评估学生的历史知识基础，尤其是本科生的历史知识基础，这是教师需要训练的一种能力，用规范的语言说叫课前要"掌握学情"。

幸运的是我就职于华东师范大学，在师范大学的传统里深入、频繁地与中学往来还是很重要的任务。曾几何时，我的老师辈，像王令愉、郑寅达等教授还直接在中学兼过课，深受学生欢迎。由此，本科阶段听王老师讲法国大革命史、郑老师讲第二次世界大战史，感受是"既亲切又陌生"。这种既有熟悉感，又带来新知的听课体验无疑来自他们对初入史学园地之人学情的充分了解。

到我这一辈，传统尚不算完全丢失，华东师大二附中周靖、复旦附中李峻等中学优秀教师常给我机会到中学调研、交流，遂对新进本科生的情况多少有些了解，讲课也就尚能兼顾普及与提高。从提高的那部分说它当然来自自己的研究，但又不是直接照搬，这就涉及下一个难题——研究的"写出来"与"讲出来"。

这个难题的感知源自与杨国强先生的聊天。前辈先生常爱以"聊天"来传递学问，形式不拘，效果却极好。可惜现在的大学，即使是硕博士课程，也要学生评教，要按时上课，按时下课，强调以形式的"规范化"带来效果的"最大化"，殊不知"规范化"也常带来"无趣化"。先生在一次聊天中曾言：我的文章每一篇都能够开一个讲座的，检验好文章的一个标准就在它能不能"讲出来"。这样的话乍听是有些摸不着头脑的，要自己到一定年纪方有比较深的感悟。

　　先生其实说了两层意思。一层意思是做研究心中要有"读者"。一项研究能讲出来证明其中的史料你已充分消化，这样就不会有太多膏药式的"大段引用"；框架和逻辑是清楚又圆融的，这样就不会在一篇一两万字的文章中出现三级乃至四级标题；其中的叙事也足够生动，人物也足够立体，否则就会干巴巴的，压根没法讲。

　　另一层意思是做研究要有"普适性"，一个研究总须连接上一个悠长的研究传统，在前后左右学术脉络的定位中方能凸显自己的价值。正如陈垣先生所言，一篇文章的选题既不能"人人都知"，也不能"人人不知"。这就要求学者不能只关注自己研究的那个问题，而要有许纪霖师常言的研究的"背景知识"。而按照我的理解，许师强调的"背景知识"接近于打开学问的宽广视野和把握学术的"基本议题"乃至关于人的诸种"基本议题"，也就是本书所言的"主干"。对此，王汎森先生也有很精辟的论断。有人曾问先生关于跨学科研究和如何博览群书的问题。先生的回答是学问要有一个"主干"，这样才能如圣诞树一般继续挂东西。跨学科也好，博览各种书籍也好，都要思考与"主干"有何联系。若能建立起充分的联系，则跨学科是有益的，多读书是有效果的，否则就可能想得很美好，实际不那么让人愉快。这样的思考对中国近代思想文化史研究尤有帮助，因为这一领域史料泛滥，议题众多；也因为在这一领域跨学科、博览群书常常是需要的、有帮助的，因此何为中国近代思想文化史研究的"基本议题"，如何凸显出"主干"，进而使之枝繁叶茂，让琳琅满目的装饰能够"挂"得上去，就得由从事这一行当的学者做长时间思考和实践。

　　正是基于以上感悟，本书定题目为"立干以扶枝"。本系一位大前辈曾表扬我会起书名，这次的题目却不免让我担心有"大言不惭"的歧义，必须要特别说明一下。第一，所谓"立干"代表着前面所提及的几位大前辈对后学的期望和教诲，绝不意味着我已经做到，此说与其说是"自诩"，毋宁看作一种自我期许和自我鞭策。第二，所谓"扶枝"，特指我教过和以后会教的那些学生，且学生们是否能够"扶起"或愿不愿意"被扶"都在他们的选择，而非我的一厢情愿。

本书的部分内容除了在华东师范大学讲授过，也在北京大学、中山大学、四川大学、中国社会科学院近代史研究所、南京师范大学、安徽大学、河南大学、湖北大学等处报告，得到过不少前辈和同辈老师、同学的批评指正，在此特别致谢。

对各位读者，我盼望收获纠谬与讨论。成书匆匆，其中不免有许多疏失，且因是讲稿更可能有不准确、不严谨之处，盼你们"扶我""助我"，让我不断进步。

2023 年 4 月

# ·目 录·

# 导论　中国近代思想文化史研究的
## "问题"与"答案"

这本书要从我 2017 年出版的《天下为学说裂：清末民初的思想革命与文化运动》讲起，有读者在豆瓣评论："你能看到作者的'答案'，但不清楚他的'问题'是什么，这随之造成历史认知的差异。"

这个评论相当犀利，它提示了一个重要问题：在讨论中国近代思想文化史的过程中，"问题"和"答案"之间究竟是什么关系？这就要引吕思勉先生的一段话，他说：

> 中国民族之由来，昔人无道及者，此无怪其然也。盖古之人率以其国为天下；又开化较晚之族，其古事，率有邻近之族，为之记载，足资考证，而中国又无之，此民族由来一问题，所以无从发生也。[1]

吕思勉先生的话告诉我们历史学中的"问题"很多时候和社会科学中的"问题"是不同的（尽管吕先生在其文字中相当多地认同"社会科学"的重要性）。历史学的"问题"经常是：在一个时代里为何没有那样的"问题"提出，而到了时代转折的时候为何那样的"问题"会被提出来？比如，吕思

---

1　吕思勉：《中国文化东南早于西北说》，《吕思勉全集·论学丛稿》上，上海古籍出版社，2016，第 532 页。

勉先生就对上面"中国民族之由来"这个大问题为何会被"提出"做了一个解释：

> 自世界大通，欧人东来，震于中国立国之古，文化之伟，竟思研究其起源，而中国人亦知本国以外，尚有极大之土地，于是中国民族，究为土著，抑自外来，如其土著，本居国内之何所，如自外来，来自国外之何方？此等问题，相继而起矣。[1]

以上解释大致说明了历史学中"问题"和"答案"的关系大概和前面评论所想的不一样，经常是先有"答案"即那段历史独特的背景、情势和氛围，然后才会冒出各式各样的"问题"。而当时的种种问题——像中国民族是否"外来"，如何"外来"，今日的讨论大概早已不是为了回应吕思勉征引的曾松友、安特生、卫聚贤、缪凤林、金兆梓等人的具体研究和他们在研究中提出的问题。我们追溯这段历史很多时候是为了以此为抓手了解和讨论清末民初思想界的言论背景、面对的情势和思考时的整体氛围。不过这种对百多年前之"答案"的追寻却不是一件轻而易举的事。历史是"一趟过"的，"不可能将人们与过去发生关联的方式定于一尊"。[2] 因此，重构提出历史学形形色色问题的不确定的答案，正是目前中国近代思想文化史研究可深入的方向之一。

从史料来说，近年来不少名家都从各个角度提示我们重

---

1　吕思勉：《中国文化东南早于西北说》，《吕思勉全集·论学丛稿》上，第532页。

2　[美]海登·怀特、[波兰]埃娃·多曼斯卡：《过去是一个神奇之地——海登·怀特访谈录》，彭刚译，《学术研究》2007年第8期。

审史料，如王汎森就提出"史料的层次性"问题，[1]罗志田看重
"史料的形成及其保存和流通的经历"，[2]郑振满则说：

> 文献作为一种社会活动，有怎样的制作过程、内容、
> 组织形式和社会控制途径。"文献"在历史情境之下所包
> 含的层累的历史意义需被剥离，其所涉及的制度、人名、
> 地名、社会关系、传承系统需被一一定位，如此"文献"
> 将萌生一个"意义的网络"，这是一种"厚阅读"的功夫。[3]

以我个人浅见，以上诸位大家之言说的其实都是因过去
"答案"的不确定而需要新的"史料观"。以往我们常认为历
史真相的不可得是因为留存的史料不足，即便先前的史料都留
存了下来，我们就能得到历史真相或逼近历史真相吗？这也是
一种太乐观的想象。这些年，中国近代史的史料可谓"急剧膨
胀"，但这种如海啸般扑面而来的"史料扩充"，一面当然带
来了研究的便利，但另一面越来越多的研究者感觉到被湮没其
中，而非成为能驾驭海啸的波塞冬。

具体到中国近代思想文化史，以往有一大致的感觉是这一
领域的研究者是在读书人的"全集"或文集中讨生活，因此，
推进研究似乎常有三条出路：一是寻找"佚文"，使"全集"
更全或文集更厚；二是拿借来的"问题意识"、舶来的时髦概

---

1 王汎森：《汪悔翁与乙丙日记——兼论清季历史的潜流》，氏著《中国近代思想与学术的系谱》，台北，联经出版事业股份有限公司，2003，第63页。

2 罗志田、张洪彬：《学术史、思想史和人物研究——罗志田教授访谈》，《学术月刊》2016年第12期。

3 这段话是作者在网络所见，未得出处。寻问方家，知乃郑先生课堂之隽语，应还未入文稿，因实在精彩，故录于此处。

念来串联史料，解读文本；三是远离巨型知识分子如胡适、梁
启超、钱穆、章太炎等人的全集或文集，一头扎进中等读书人
或基层读书人的材料之中，特别注重的是他人不见而自己独见
的"孤鸿秘本"。

三条出路中除了第二条外，其实分享了一个共同的预设，
即"史料扩充"为中国近代思想文化史研究推进的途径。但新
的"史料观"大概要求我们调整思路，我们需要注意：第一，
全集更"全"，文集更厚的"妨碍"。从一般意义上说，全集能
"全"、文集能厚是编者追求的目标，也是研究者的福音。但正
如胡适对杨联陞所言："学生整理先生的文稿，不可贪多而收录
未定之稿，或先生自己以为不应存之稿。"[1]

"未定"和"不应存"说明胡适已清晰地看到自己各种文
章的"差异性"和"层次性"，一旦被统统收入"全集"，就
会泯然一体，个性涤尽，活性荡然。从这个意义上说，全集越
"全"，越要注意到它在这一向度上的"妨碍"。而要减轻这种
"妨碍"与第二点相关，即努力让史料进入"活动状态"。

所谓让史料进入"活动状态"大致是指把史料当作活生生
的植物，将其放入原生的"花盆"和"花圃"中。而要做到这
一点，就必须把读书人的文章从全集、文集或是史料数据库中
抽离出来，放到它的手稿形态中去探索，放到它最初发表的报
刊中去考察，放到它最初收入的书籍和之后陆续收入的书籍中
去研究。这不是仅从版本目录学意义上的考察，而是我们相信
这些手稿、报刊、书籍的原生态和历史感能提供更多的史料讯

---

1 《杨联陞致胡适》(1957年5月27日)，杨联陞著，蒋力编《莲生书简》，商务印书馆，
2017，第22页。

息。这些史料讯息是多面相解读文章的有效通道，是使得史料连成一片、打通关节的强大助力，因此，在这个以"大数据"为时髦的年代，历史学大概有时要反其道而行之，重新强调通读全书和整部报刊的重要性；重新强调初学者大概不宜趋排印之易而躲避读手迹之难，趋数据库之易而躲避读原书之难，或趋全集之易而躲避读原报、原刊之难；应切切实实地给自己"找麻烦"，做厚积薄发的笨功夫。正如钱穆所言："每读必从头到尾竟体读之，一书毕，再及他书，有一读者，有再读者，有三、四读者，并有三、四读以上者……余之稍知古今学术之门径与流别，胥于此数年树其基。"[1]

第三，在让史料进入"活动状态"的同时，我们还要努力做到史料的"上下联动"。王汎森在其名文《中国近代思想文化史研究的若干思考》结尾处曾特别指出：

　　虽然我在前面谈了这么多，但是，最后，也是最重要的是我们仍然不能忽略对于一群又一群思想家们的原典的阅读与阐释，如果把康有为、梁启超、孙中山、陈独秀、胡适等人的思想从近代历史上抽掉，那么，近代中国历史的发展就是另外一回事了，所以，对于重要思想家的著作进行缜密的阅读，仍然是思考思想史的未来发展时最优先、最严肃的工作。[2]

从这段话引申开去，王先生为何要在一篇谈"中层的思想

---

1　钱穆：《苦学的回忆》，《大学新闻》第 3 卷第 9 期，1935 年 4 月 30 日。
2　王汎森：《中国近代思想文化史研究的若干思考》，许纪霖、宋宏编《现代中国思想的核心观念》，上海人民出版社，2011，第 731 页。

文化史""私密性史料""在地的读书人"的论文里特别谈到重要思想家，此问题正和史料的"上下联动"相关。"民史"的发展让史学家"在教马丁·路德们的时候，不再会不考虑到或涉及马丁·盖尔们"，但另一方面确实"马丁·路德是不可替代的，而马丁·盖尔则是可以替代的"。[1]

以五四运动为例，我们当然需要关注五四大风如何在地方刮过，风起时、风过后，地方的读书人如何反应，但这不意味着可以不去读陈独秀、李大钊、胡适等看似已被读得烂熟并被反复征引的文章，相反对他们的思想研求越深、了解越细，就越可能看清和把握地方上的情形。因为当我们考察地方读书人对形形色色思想的吸收、改写和"使用"时，若对形形色色的思想本身都没有深入认识，如何可能？这是"上"对于"下"的帮助。同时如果我们能转换研究的主题词，透过地方读书人的眼睛去讨论这些巨型读书人的文章，而不是用"自由主义""启蒙先声"等后设逻辑去串联分析，也一定会有和从前不一样的结论。这是"下"对于"上"的反思。因此，新的"史料观"一方面要求对漫无边际的"史料扩充"抱有警惕，但另一方面相当鼓励在一个全息性的、不分畛域的视界里阅读和讨论各种史料，无问西东、不分上下。

从方法来说，近代中国思想文化研究目前最可提倡的乃是"捕风"，这一方法已多有学界大家展示其门径和用途，[2]这里综合各家意见，继续延伸一二。

---

1 彭刚：《事实与解释：历史知识的限度》，《中国社会科学评价》2017年第3期。

2 参看罗志田《假物得姿：如何捕捉历史之风》，《南京大学学报》2016年第5期；王汎森《"风"——一种被忽略的史学观念》，氏著《执拗的低音：一些历史思考方式的反思》，生活·读书·新知三联书店，2014。

第一，如何捕捉历史发展的真趋势。解释历史发展的长程趋势大概是所谓"问题"导向最为擅长的。以"专制"一说为例，一百多年前这一概念和国民、国家、群等概念一起，经梁启超等发挥、传播，迅速笼罩史学研究。凭此概念，历史学衍生出对秦至清两千多年历史的无数"新"问题，并给予了连贯的解释。但这种解释力看似强大，却并不意味着它对其笼罩下的每段历史都能有贴切的读解，有时在关键处都有所疏失。像中小学教科书中常说的汉武帝"独尊儒术"是为了其专制统治，吕思勉就曾针对此说做过清楚的反拨，其中吕先生特别说真趋势乃是"自然之趋势"，乃一种时代之风的顺向推演，而非倒推：

> 世谓武帝之崇儒，乃所以便专制，非也。……五帝官天下，三王家天下，皆儒家义也，其便于专制之处安在？后世儒家之尊君抑臣，岂汉武所能逆睹哉？然则汉武之崇儒何也？曰：崇儒乃当时自然之趋势，特文景等皆未及行，至武帝乃行之耳。[1]

第二，如何捕捉一个时代人们的"真相信"。思想文化史研究的关键经常不在于研究者自己相信什么，而在于揭示研究对象相信什么。胡适在谈"历史的眼光"时曾强调："蒲松龄相

---

[1] 吕思勉：《西汉哲学思想》（1925 年），《吕思勉全集·论学丛稿》上，第 356 页。即使是持"独尊儒术"说的范文澜也明白指出汉武帝是"统治权十分巩固了"，才让"黄老"退位，"毅然下诏罢斥诸子百家，独尊经学。所谓经学，主要就是公羊学。而公羊学在清末之前大概一直是儒学中"不彰"的部分。范文澜：《中国经学史的演变》，《范文澜全集》第 10 卷，河北教育出版社，2002，第 58 页。

信狐仙，那是真相信；他相信鬼，也是真相信；他相信前生业报，那也是真相信；他相信'妻是休不得的'，那也是真相信；他相信家庭的苦痛除了忍受和念佛以外是没有救济方法的，那也是真相信。这些都是那个时代的最普遍的信仰，都是最可信的历史。"[1] 这种对研究者或"不相信"，但研究对象之"真相信"的捕捉大概先要做到喧腾于人口的"于古人处同一境界"，并不容易，若加上研究一定要基于或回应某个"问题"就更难。胡适就直陈："他（蒲松龄）要是谈遗传，谈心理分析，就算不得那个时代的写生了。"[2] 而现今不少历史研究的"问题"好像正来自遗传的问题，来自心理分析的启发。

　　第三，如何捕捉时代洪流下被裹挟的人们的"真压抑"。时代洪流对人心的压抑无处不在，不要说中国近代史上那些无所适从、随波逐流之人，即使是那些胸有定见、学有所成者也不能逃离，而且这种压抑当事人一般是不会明确说的，或要到几十年后方有机会表达出来。1965 年，钱穆对杨联陞谈"子学"，涉及《中国近三百年学术史》中对戴震《孟子字义疏证》的评价时就说："（当时）震于时论梁胡之见，下笔太啰唆，不敢从扼要处深下砭箴。"[3] 钱穆刚出道时那种对梁启超、胡适既深深揣摩又常思反对，既欲成就己说又恐是非深陷，既想直抒胸臆又得曲笔迂回的复杂心态经由这句话跃然纸上。这种"真压抑"给无数"震于时论梁胡之见"的作品披上了朦胧难解的薄纱，却又更吸引后来人进入其中，条分缕析，各自玩味。

---

1　胡适：《醒世姻缘传考证》，《胡适论学近著》第 1 集，山东人民出版社，1998，第 297 页。

2　胡适：《醒世姻缘传考证》，《胡适论学近著》第 1 集，第 293 页。

3　《钱穆致杨联陞》（1965 年 1 月 21 日），《钱宾四先生全集·素书楼余沈》，台北，联经出版事业股份有限公司，1998，第 228 页。

　　第四，如何捕捉人物和时代的"真情态"。历史学除了"时空序列"的真实外，亦有情境、情态的真实，而此种真实对中国近代思想文化史研究来说尤为重要。因为呈现于文字的与作者内心所关注的、读者所接受到的、他们所共同面对的很多时候不是"一一对应"的关系，我们经常要面对的是：如何通过"无"来呈现"有"，如何把握惯性来推断日常，如何经由只言片语来感受其欲说还休，如何观察蛛丝马迹来印证密密麻麻。这种捕捉大概与科学离得较远，而与艺术走得较近，宗白华曾以王昌龄的《初日》诗和德国画家门采尔的油画为例给予我们这样的提示：

　　　　诗里并没有直接描绘这金闺少女（除非云发二字暗示着），然而一切的美是归于这看不见的少女的。这是多么艳丽的一幅油画呀……我想起德国近代大画家门采尔的一幅油画，那画上也是灿烂的晨光从窗口撞进了一间卧室，乳白的光辉漫漫在长垂的纱幕上，随着落上地板，又返跳进入穿衣镜，又从镜里跳出来，抚摸着椅背，我们感到晨风清凉，朝日温煦。室里的主人是在画面上看不见的，她可能是在屋角的床上坐着（这晨风沁人，怎能还睡？）。[1]

　　总之，在笔者看来，中国近代思想文化史研究目前远没有到集中提"问题"的时候，而仍处在追寻过去不确定的"答案"的阶段。这种对过去"不确定"的追寻除了是史料观、方

---

1　宗白华：《美学的散步》，《中国现代美学名家文丛·宗白华卷》，浙江大学出版社，2009，第129页。

法论外，更表达着一种态度。这种态度一方面展示着研究者对于过去的人和事的敬畏、尊重与理解，另一方面展示着中国近代思想文化史研究的"历史学尺度"。

对此，有好友曾提醒我在观察思想革命、文化运动这样的历史之表层波澜时，也要多看看社会、经济等历史的"河床"部分。这个提醒我当然觉得很有道理，切中了思想文化史研究的一些深弊。但另一方面，我觉得这个意见的问题在于未免把历史的"河床"看得太固化了一些，把"河床"与波澜的关系看得简单了一些。

近代中国变迁的一面是各种实际行动源自错杂的思想和汹汹的舆论，一面是发生着剧烈的社会变动和经济变动，但这并不意味着错杂的思想和汹汹的舆论就一定扎根于社会变动、经济变动的"河床"，很多时候其实是"交互激荡"，甚至是思想和舆论在改造和产生"河床"。比如吕思勉就指出，清末十年朝廷施政方针实"视舆论为转移"，"办事者政府，而使之办此事之原动力，实舆论也……试问前清末年所办之事，有一出于政府中人自己之意思者乎？设学校也，办实业也，造铁路也，驯至预备立宪也，何一非当时舆论所目为应行之事，而政府乃迫不得已，从而行之者乎？"[1]

此种"舆论"真的生成于社会变动、经济变动的"河床"吗？无从证实，亦无从证伪。但可以看得相对清楚的是思想催生"舆论"，舆论则在不断制造虚幻的"河床"和产生超乎原本预期的"河床"。以清末练兵为例，"作战之事若能仔细考虑，直虑到开战之时，则自有种种之问题相连带而起，断无如清末

---

1　吕思勉：《对于群众运动的感想》，《吕思勉全集·论学丛稿》上，第182页。

之一切不提，而可先张皇言练三十六镇者……今日之军阀，非即前清末造之军人乎？前清末造之军人，非因清末之练兵，而后为军人者耶？清末之练兵，非因当时朝野主张练兵之人甚多，然后获行之而无阻者乎？"[1]

这一串问题讲的是一个由"欲强国则练兵"之简单思想出发，鼓噪舆论，进而在人心中产生普遍幻象，最终吞咽其恶果的诡异故事，又直现了受舆论之鼓动、遭有事又生非之妄灾之人的巨大苦痛。所谓历史教训大概正在于此。

---

1 吕思勉：《对于群众运动的感想》，《吕思勉全集·论学丛稿》上，第 182~183 页。

# 方法论关键词

# 第一讲　历史学"求真"问题刍议

历史学的"求真"问题一直都是史学理论探讨的基本问题和关键问题。同时这个问题又是每一个历史研究者（即使不是史学理论的专门研究者）都必须面对的。因此讨论中国近代思想文化史研究的进路、脉络和方法在原点上就需要讨论这个基本问题和关键问题，以为我们了解和理解的中国近代思想文化史研究确立一些前提。

一

历史学的"求真"问题之所以重要，除了其可以开拓丰富的学术讨论和延展更多的思考路径外，近年来有一部分学者还将其与一个涉及历史学"生死存亡"的大问题相联系——历史学是否会终结？这是一个真正的"大哉问"。在这个"大哉问"中我看到有两个观点颇富冲击力：一个是"如果我们承认历史学不能求真，且历史解释也必然不是真相的话，历史学者的认知与评书、历史小说、'民科'的认知是否存在高下之分"；另一个是"随着'历史'在人类知识、经验和思想中重要性的降低，历史学的重要性也必然会随之降低，由此也会动摇其作为一门学科存在的意义"。

以上两个问题虽然没有明确的答案，但它们在很多方面都开启了思考空间。先讨论第一个观点。我同意部分学者所言，历史学者的认知的确未必就高于非历史学者。学科规范与"真相"之间不存在必然联系，一手史料不必然保证"真"，好的版本和多如牛毛的注释亦不必然导向"真"，但我要补充的是"求真"不可得不代表"求真"不可欲。一个理想即使永远不可得也不意味着一个理想就不可追求或不值得追求，"真"也同样如此。正如梁启超所言，"绝对的真相，虽欲难求，然在可能范围内，亦应当努力求去；若不求得真相，一切都无从做起"。[1]

梁启超所言的"一切都无从做起"，其主语是"历史研究者"，因此，当谈论历史学是否会终结时，不妨先讨论历史研究者的"求真"究竟有哪几个层次。历史研究者的"求真"大概不只关于客观过去的"求真相"而已，至少还包括"求真实"与"求真理"，下面具体分析之。

从求真相来说，人之日常生活成立的一个基本出发点就是时间、空间和时空中自己与相关之人的定位（尽管这些定位有

---

[1] 梁启超：《社会学在中国方面的几个重要问题研究举例》（1927 年 6 月），梁启超著，汤志钧、汤仁泽编《梁启超全集》第 16 集，中国人民大学出版社，2018，第 399~400 页。

时会被淡忘、混淆直至不可得）。但无论如何，一个知道自己父母是谁、确切生日是哪天的人大多数时候比父母为谁不知、生日无从说起的人要幸福一些。从日常生活推而广之，史学的一个基本出发点也如此。虽然"凡史料皆有偏见"，不管其为"一手史料"还是"二手史料"，但不能就此推展到"史料中全部是偏见"。时间、地点、在此时空中活动的人物等都可以通过史料来敲实，进而获得长期的确定性。比如1644年"满洲人"入关总是一个真相，在这个真相里只有"满洲人"这一说法可能包含着"偏见"，其他都为几百年来不易之定论。至于入关意味着什么，对后续历史有何影响，当时和当下人们如何看待"入关"则是另一层次的问题。这里需要指出，即使是另一层次的问题也并非与时、地、人的确定无关。在史学研究中若原本认为一事发生于此时此地、由这些人推动，其后被强有力史料推翻，更正为彼时彼地、由那些人推动，则以往依据于先前时、地、人的大部分推论大概就会出问题，此之谓"关公战秦琼"。

　　"求真相"的难度除了表现为史料偏见，还表现为历史"真相"的探求过程中总是会充满人的因素（是否要用主客观两分来形容却可存疑），因此它不像动画片中名侦探柯南所言"真相只有一个"（有此执着念头的历史研究者不少），而是真相经常不止一个。不过要理解"真相经常不止一个"却不像其字面表述得那么简单，至少有以下三点需要强调。

　　（1）真相不止一个不等于"历史是任人打扮的小姑娘"，二者的区别在前者承认多个真相间有"叠合共通"的部分，尽管有时可能不多，但后者压根不承认有"叠合共通"的部分。

　　（2）造成真相不止一个的原因除了一些学者强调的研究者

基于"生命经验"带来的主观判断，更有人类观察事物能力的有限与体味他人思想能力的极其有限。很多时候，历史研究者的所谓主观是可以通过史料辨析、常识验证、常理检验和常情共鸣来验证乃至修正的，但人观察事物能力的有限与体味他人思想能力的极其有限却至今难以逾越。简单的一个事实是人一天只有 24 小时，还不能全部用来工作。即使人类解决了向过去穿越的技术问题，并在穿越后排除所有干扰因素，将一个研究者送到历史上某个重要秘密会议的现场，夜深时他也不免打盹、疲倦时走神，面对眼前的文件、聆听现场的讨论时则常有不知前因后果或因后见之明而错乱前因后果之憾，遑论真正体味、洞察现场代表的所思与所想。

（3）真相不止一个让我们思考"求真"不只是求真相。历史研究者常将自己定位为"老吏断狱"，若按照现代一点的说法，就是自我定位为侦探。但即使历史研究者都成为名侦探，人们看破案影片也不只是为了看侦探们最后揭露凶手的那 5 分钟。影片前面的那些悬念、铺垫、惊悚、温情都是经典破案影片的重要组成部分。同理，历史研究者也应该在"究竟谁是凶手"之外的地方着力，此即"求真实"。

历史研究者之"求真"除了求人、时、地等细节之真，更要追求情境之真，求情境之真即是"求真实"。史学中编年体史著不可或缺，但试想若只有编年体史著，"鲁隐公几年"，史学岂非乏味得紧？因此史学需要场景描绘，需要气氛烘托，需要以一人凸显数十人乃至千万人的笔力，需要让读者经由历史作品能返回历史现场。这些要求依托于细节之真，同时这些要求也一定不会囿于细节之真，史料湮没和史料偏见带来的细节缺失处需要历史研究者的"想象力"去填补。司马迁不可能亲自到过鸿门宴现场，但其所呈现的鸿门宴现场却让历代读者如同亲历亲闻一般，而且还不止于"亲历亲闻"，更添加了项羽、刘邦、范增、项伯、张良等故人的心理活动。那么按照后现代史学的提问方式，这和文学有何差异呢？对此问题有两方面的回答。一方面，从写作技巧和个人心智来说，一个好的史学研究者一定具备相当的文学表现能力，一个优秀的文学创造者也在相当程度上可以趋近史学的大境界，其中托尔斯泰就是个典型。柯罗连科就分析其作品道：

> 在托尔斯泰的描写中，受检阅的或赴战的部队却不是一个集体单位，而是具有一个个生命的一大群人麇集在一起。在你面前常常出现许多生动的人物：将军、军官、士兵，各人具有自己的特点，怀着这一瞬间各自偶然产生的感受，而在这可惊的运动过去并消失之后，你还能回味到在全体群众中喧噪而过的这一批有生命的人……（他）在想象中塑造出数以百计的人物，而且用可惊的熟练手腕来对付他们，仿佛一条巨大的河流漂载着商船队和舰队……[1]

但另一方面，史学的"想象力"毕竟和文学的"想象力"有区别。这种区别首先体现在文学的情境营造可以意识流，可以天马行空，但史学的情境营造对于有史料依据和史料依据的严肃性有显著要求。这种显著要求在我看来倒未必是建立"一手"史料、"二手"史料的等级制，而是无论任何史料都要考察

---

1 冯春选编《冈察洛夫 屠格涅夫 陀思妥耶夫斯基 柯罗连科 文学论文选》，上海译文出版社，1997，第378页。

它的"形成过程"。此正如胡适所言：凡是一种主义，一种学说，里面有一部分"是当日时势的产儿"；有一部分是"论主个人的特别性情家世的自然表现"；有一部分是"论主所受古代或同时的学说影响的结果"。[1]

面对这样复杂的"形成过程"，面对这样重重的"情境套叠"，历史研究者需要一步步重建、一层层厘清，在这过程中消耗的或是一些历史研究者胸中原有的万千沟壑，但建筑起的是相对牢固的基石。

史学和文学"想象力"的区别其次体现在现代史学对于文字表述有相当多的戒律和限制，大概最多达到史景迁讲故事的程度，在结构上运用倒叙的手法。若要在史学表述中趋同于马尔克斯与他的《百年孤独》，至少在目前是跨过了史学"想象力"与文学"想象力"的界河。

不过"求真实"仍然不足。史学不仅关乎过去，也关乎现在和未来，从这个意义上说，历史研究者的求真还有一个层面，即"求真理"。

"求真理"和历史观相联系。饱读诗书之人有他的历史观，贩夫走卒者流未能识文断字，但也会有他的历史观。不过人人都有其历史观并不意味着每个人的历史观都能趋近真理，或者历史观压根就与真理毫无联系。能够渐渐趋近于真理的历史观在认识过去、现在、未来各层面都有它的独到之处和过人之处。从过去而言，渐渐趋近于真理的历史观要能探照出被以往史观深深遮蔽的一些"真相"，重塑起另一些"真实"。如从只

---

1 《四论问题与主义——论输入学理的方法》，季羡林主编《胡适全集》第1卷，安徽教育出版社，2003，第356页。

关注帝王将相的史观转化到"民史"的史观。就现在而言，渐渐趋近于真理的历史观不仅要视当下为当下，而且要为当下提供一个大历史的定位。古人有"只眼千年"之说，所谓只眼千年一定不是说历史研究者能够看到很长时段内所有的细节"真相"，而说的是他能看到很长时段内历史的大转折处和大变化处，继而在转折和变化中厘清现在。就未来而言，渐渐趋近于真理的历史观要能充分揭示出历史的发展趋向，进而总结出一定的历史规律性。这种规律性不是经典力学实验中那种可一再验证的重复性，它只是对日后大势的一种预判和估计。然而，当"历史天使的脸望向过去，身体前进到未来"的时候，虽然前进的动力是一场被叫作"进步"的风暴，可是历史天使按照什么样的路线飞翔，也总不能只依据一堆杂乱无章的"真相"。[1]

以上三种"真"彼此联系、互相影响，而且三种"真"正因为其轻易不可得，所以也就不会轻易终结。从这个意义上说，历史学者的认知与评书、历史小说、"民科"的认知是否存在高下之分的答案既复杂也简单。复杂在于确实有些历史学者在以上三种"求真"的过程中做得不如评书作者、历史小说家和"民科"。正如前面所说的，所谓"科班出身"和高明的历史认知之间没有必然联系。简单则在于无论何种人物的历史认知，其认知若和三种"求真"渐行渐远甚至背道而驰，就是不太高明的历史认知。这种"不太高明"的历史学者有之，评书作者、历史小说家、"民科"亦有之，而历史学的学科规范无论如何会让人离三种"求真"更近一些，这亦是个不争的事实。

---

1　[美]汉娜·阿伦特编《启迪：本雅明文选》，张旭东、王斑译，生活·读书·新知三联书店，2008，第270页。

在区分了"求真"的三个层次之后,"求真"对历史研究者究竟意味着什么将是我们下一部分讨论的话题。

# 二

"求真"对历史研究者意味着什么?这个问题和历史学作为一门学科的重要性密切相关。目前看,历史学的学科重要性需要做两点论证,一个是各学科都有自身的学科历史,若其自身的学科历史研究足够兴盛,或它们也积极参与历史研究时,历史学科的重要性是否会降低乃至消解?另一个是若像一些学者所言,当人人都成为自己的历史学家的时候,历史学科的重要性是否会降低乃至消解?

就第一点来说,每个学科都有自己的发展史,有些学科的发展历史还蔚为大观,有广阔的研究空间。但是否各学科自身历史研究足够兴盛或它们也积极参与历史研究时,历史学科的重要性就会降低乃至消解?大概并不如此。

从目前实际看,如哲学史、经济思想史、中国文学史、外国文学史、社会学史、政治学史等领域都有很长的研究时段,在此领域内名家辈出,经典成果不断,甚至因学科史研究的"强势"还会引发该学科内一些学者的"忧思"。以我的有限阅读范围所及,现代文学界就对近年研究的"历史化"倾向有所担心,哲学界也常有一些如何能有真正的哲学研究,而非仅仅是哲学史研究的讨论。这些"忧思"能否成立非本文所能处理,可暂时搁置一边,但这至少说明在不少学科中,自身发展历史的研究并不缺乏。既然不少学科自身发展历史的研究并不缺乏,其继续深入是否会动摇史学的学科之基呢?这需要讨论各学科互相开放的问题。

史学的特点是具有整体性和包罗性，因此，史学无惧于向其他学科开放，同时这也有利于史学向其他学科的开放。在历史长河中，有学科分野的时段恰恰是短暂的，无明显学科分野的时段更为长久。史学虽然在学科分野的时代被渐渐设定和养成为一个学科，但它天然讲求的是关于前后左右的故事，浸润着文史不分家的传统，介于艺术与科学之间，披着单一学科外衣却需要不断从各学科汲取营养。从这个意义上说，各学科自身的发展历史研究得越清楚透彻，各学科越能参与到历史研究中去，史学就越兴旺发达，而不是反之。

从另一个角度看，其他学科向史学开放也不是只产生"忧思"，更是有其益处，尤其是在目前这个所谓"后真相"时代里益处更为明显。在这个时代里，史学能为其他学科提供相当多的东西。在我看来，最重要的有两点。一个是基于考察史料"形成过程"而练就的"过程性思维"。此种思维方式对各学科都有帮助。如对投入建模、引入分析之数据的谨慎使用，充分认知围绕于数据生成过程的各种因素。另一个是因历史苍凉而淘洗出的"人并非上帝"的自省。"人并非上帝"意味着人不但在过去、现在有许多事情做不到，且在将来漫长的时间中也仍然有许多事情做不到，这或许能给一往无前、无比自信的技术发展划出一定的边界，为其注入些许的人文思考。同时"人并非上帝"也一样提醒人文社会科学研究者"以史为鉴"哪里说的是人类能吸取历史教训，以后不再重蹈覆辙——这样理解"以史为鉴"既高估了人的能力，同时也会让生活变得极其无趣。（如果一个人真能在不重蹈覆辙的意义上吸取每一个历史教训，他不是正走在成为上帝的道路上吗？）"以史为鉴"不过说的是历史若可以"秉笔直书",就能让后人行事有一点惕厉,做人有一点惊惧而已。面对"直书"的历史,一些研究者的"洋洋大言"依然会喧腾于口,他们"启蒙众生"的幻想依然会无比强烈,但讲者或许会收敛一点,听者或许也会更清醒一些。由此,史学对于其他学科的意义不仅在于每个学科都有它的"过去",更是在于史学能凭借其思维方式和自省意识与每一个学科交叉,让我们在"后真相"的时代里既不通往虚无,亦不导向纵欲。[1]

就第二点来说,"人人都是自己的历史学家"在一般意义上大致不错。虽然旁观者清,但一般而言还是自己相对最为清楚,也最能理解自己的历史。不过问题在于每一个人除了相对清楚,也最能理解自己的历史这一凭借外,还需要凭借什么来做自己的历史学家?即人们除了要具备做自己的历史学家的自觉意识外,还需要具备做自己的历史学家的能力。达到这个要求显然不容易。

其实在社会心态层面认为史学准入门槛低,无论是谁都能插上一嘴的现象由来已久。一些人士常说:等我退休以后,有了空闲来做做历史。这话无伤大雅,作为个人爱好也值得鼓励。但潜台词让人"细思极恐",即史学这个行当很容易做,可以随时随地进入,不得不说这是一个极大的"迷思"。因此这里有必要重申傅斯年的一句脍炙人口但又被常常误解的话——"近代的历史学只是史料学"。[2]

---

1 本段的写作思路颇得益于同华东师范大学政治学系吴冠军教授、中文系汤拥华教授、哲学系姜宇辉教授的一次跨学科讨论。

2 傅斯年:《历史语言研究所工作之旨趣》,《国立中央研究院历史语言研究所集刊》第1本第1分,1928年10月,第1页。

　　近代以来史学能作为"学科"而成立,"史料学"正是它的学科门槛,这个门槛的存在对历史研究的进入者提出了诸多准入要求。首先是语言能力。若以中国人为"人人"之范围,科技发展至今也未能够帮助一人在数年之内解决识读古汉语和两到三门外语的问题,在可见的将来也未见有重大突破的迹象。

　　其次,在语言能力的要求之后,史学要求的是大量"读"史料。这里的"读"之所以打引号是因为近代以来史学要求研究者能超越"文字"之读,以各种方式利用各地、各时的直接材料——"大如地方志书,小如私人的日记,远如石器时代的发掘,近如某个洋行的贸易册",[1]进而开展遗址之读、城市之读和田野之读。这些"读"法都要经过严苛的学科内和学科交叉的训练后才能够去做,绝不是光有自觉意识就可以的。

　　以上谈的尚还是"有"史料的层面,在"无"史料的层面做起来就更为困难。对个人的历史来说,记住往往是困难的,遗忘反而是容易的,更大的历史也是如此。且不说百年之前的史料和史事,就是百年之内湮没的就不知有多少。

　　1926年,直系军阀褚玉璞火焚直隶省署,凡自清末"通商"以来所有北洋大臣衙门、直隶省署的交涉档案、债务契券、租借地亩档册、各项矿约、外债,以及种种实业借款、合资营业记录等文件,尽行焚毁。

　　1928年,国民政府将北洋档案分别接收至各部,1937年日军攻陷南京,政府机构人员撤离,北洋各部档案大量被丢弃在南京,不知所终。

---

1　傅斯年:《历史语言研究所工作之旨趣》,《国立中央研究院历史语言研究所集刊》第1本第1分,1928年10月,第4~5页。

抗战胜利后，大批日本所印关于中国各地的军用明细地图被国民党接收，堆置在南京左公祠。1946 年 2 月 26 日，左公祠莫名"失火"，地图全部烧毁。据官方统计，总计损失日本所印新图 634179 张、旧图 208064 张，还有太平洋沿岸各地及欧洲形势等图，合计 110 余万张。[1]

以上史料因各种原因散佚的事实提示，当我们说留存史料浩如烟海、庆幸发掘了大量档案之时，"烟海"和"大量"相较茫茫过去不过是沧海一粟。两相对照，一方面说明的是史学因史料要求而造就的准入门槛之高；另一方面说明的是史学因历史本身之深广而面临的推进之难。在门槛甚高和推进甚难的背景下，从史学的实际功用来讨论历史学科的重要性，或不如从史学对于人类之意义去体味历史学科的重要性。因为一门学问既高且难却还能长久存续，其予人的意义感显然比其实际功用更需要优先思考。而这个意义正落在人类需要从每分每秒无情消逝的历史烟烬中去抢救那星星点点的"真"。

这种抢救每个人都有资格去做，因为每个人都有和遗忘做斗争的权利，但不是每个人都能做到，因为真正记得是有难度的事。正如韩国电影《杀人回忆》的结局一般，那个连环杀人犯究竟是谁没有答案。探案警官面对的是乡野又一次的青青草黄，弃尸水沟旁的若有所悟和自身的马齿徒增。除了个人的小历史，大韩民国的一段大历史其实也烙印在警官追踪罪犯的岁月里，但又似乎无太多直接表现。此时的他大概没有太多研究历史的"自觉"，充盈其心胸的应是结结实实遭逢时代变迁的

1　中国科学院历史研究所第三所南京史料整理处编著《历史档案的整理方法》，人民出版社，1957，第 19~20 页。

"感慨"。

由此而言，我们或可说"真"的确经常不能揭晓，但不能就此说追寻"真"的旅途"无意义"。这不仅是对电影中费掷青春来维护正义的警官的不公平，也是对皓首穷经、孜孜求真的史学研究者的不公平。科学允许失败，史学为何不允许"求真"而不得？"求真而经常不得"不是消解史学的理由，反而是一种引人入胜的辩证，史学将在此种辩证中一直走下去。

# 第二讲 中国历史学知识体系的"内外圆融"

人文社会科学研究总是要不断遇到"中国"与"世界"或者"中国"与"西方"这样的话题。这样的话题其实和中国历史学知识体系的建设密切相关，也是做中国近代思想文化史研究绕不过去的问题。当然在一门课的一讲之中，不可能面面俱到地把这个问题谈清楚，同时这也是一个超越我自身学力太多的问题。因此在本讲中我会交代一些自己在日常教学和研究过程中的思考，供各位读者批评。

## 一 在重识"世界"中建设中国历史学知识体系

1914 年胡适在《非留学篇》中言"吾国之旧文明，非不可宝贵也，不适时耳，不适于今日之世界耳"。这句话虽不是近代中国从信奉到唾弃中国旧文明的开端，却是个显著的标识，说明在 20 世纪初横亘在中国读书人心头的一大问题是：中国已在"世界"之外，如何才能进入"世界"之内。[1]对此胡适当时的答案还是"先周知我之精神与他人之精神果何在？又须知人与我相异之处果何在？然后可以取他人之长，补我所不足，折衷新旧，贯通东西，以成一新中国之新文明"。[2]

这个思路虽还有"折衷新旧，贯通中西"一语，但明显已走向"中学不能为体"。有趣的是到 1928 年前后，说类似话的大概是与胡适在表面上针锋相对的学衡派诸人，而胡适的答案已变为"我们必须承认我们自己百事不如人，不但物质上不如人，不但机械上不如人，并且政治社会道德都不如人……西洋的精神文明远胜于我们自己……（要）死心塌地的去学人家"。[3]

这里的"人""人家""西洋"都是当时那个"世界"的组成部分，而"我们"既然事事不如人，则意味着"我们"不属于那个"世界"，于是普遍的世界文明和"特殊"的中国就此产生。"特殊"的中国在推论中无疑又植根于其"特殊"的历史，于是世界史与中国史开始分野，一直延续至今。尽管今日我们经常说要打通中国史与世界史，但如本在"世界"之内，又何须打通？

因此今日言建设中国历史学知识体系就必须要"重识"世

---

1　参看罗志田《天下与世界：清末士人关于人类社会认知的转变——侧重梁启超的观念》，《中国社会科学》2007 年第 5 期。

2　《非留学篇》，欧阳哲生编《胡适文集》9，北京大学出版社，1998，第 675 页。

3　《请大家来照照镜子》，欧阳哲生编《胡适文集》4，北京大学出版社，1998，第 27~28 页。

界，以反思中国"特殊"论和中国历史"特殊"论。此问题当然牵涉甚广，这里仅谈两点：一个是世界文明的普遍性来自何处；另一个是中国和中国历史有"独特性"的话，独特在何处。

就第一点说，马克思那一段谈论人们如何创造历史的经典语录，今日仍值得重温：

> 人们自己创造自己的历史，但是他们并不是随心所欲地创造，并不是在他们自己选定的条件下创造，而是在直接碰到的、既定的、从过去承继下来的条件下创造。[1]

这段话意味着"无论谁是历史的创造者，都不意味着任何人可以根据他的动机、观念随心所欲地创造历史"，而是需要历史条件。[2]那么这些条件是什么呢？其中一个重要部分就是一个民族和一个国家从古到今一直具有生命力的"文化"，钱穆就指出：

> 茫茫员舆，芸芸众生，我不知其已历几何世矣！抑有始终未跻于抟成"民族"之境者；有虽抟成为一民族，而未达创建"国家"之域者；有虽抟成一民族，创建一国家，而俯仰已成陈迹，徒供后世史家为钩稽凭吊之资者；则何欤？曰：惟视其"文化"
> ……举世民族、国家之形形色色，皆代表其背后文化

---

1　马克思：《路易·波拿巴的雾月十八日》，人民出版社，2018，第9页。
2　黎澍：《再思集》，中国社会科学出版社，1985，第275页。

之形形色色，如影随形，莫能违者……[1]

由马克思的"历史条件论"和钱穆的民族、国家"文化论"出发，每个国家、每种文明都是"特殊"的，而这些"特殊"正能构成世界文明的"普遍"。"普遍性"不是在"特殊性"中抽取公因子，或取数种某时、某地强势的"特殊性"为"普遍性"，而是"以不齐为齐"，即只要保持和承认多样的"特殊性"，世界文明就自有"普遍性"。因为不同文明之间是会主动或不得不交流与互鉴的，在此过程中，每个国家、每种文明都在为世界文明的普遍性添砖加瓦，其添砖加瓦的力度与各个国家现实的大小强弱有一定关联，同时也与各个国家的历史长度和历史厚度有紧密联系，这就要谈到第二点——中国历史"独特"在何处。

中国历史的"独特"不是因为它有长度和厚度，就成了停滞的、僵化的和"前现代"的，恰恰相反，正因为它有长度和厚度，它对现代生活乃至人类未来都会产生大的影响，具有深远的意义。

以爱国为例，目前国人之爱国不少因受权利、义务对等之说的影响，常变为一种"商人之爱"和"农人爱牛之爱"，即其爱国虽为一种看重、一种不舍、一种情感，但其中总不乏成本的考量和利益的计算。其实爱国本应为一种真诚之深爱，与成本无关、与利益无涉。在中国历史中这种真诚之深爱发展于两条路径：一为对中华文化之深爱，孔子的政治活动是失败

---

1　钱穆:《国史大纲》，商务印书馆，2012，"引论"，第31页。

的，但孔子的教育事业却有绝大影响。[1] 这种教育事业的绝大影响就在于中国和中国人是由"后天所获，华人所独者"的中华文化所塑造，[2] 也由中华文化所维系。对家国天下来说，中华文化既是其具体的内容，又是其认同、保有和深爱的终极对象。二为对山河岁月之深爱。中国因历史中的疆域渐趋广阔而有大好河山和地域风情，中国因历史的风云变幻而出现许多伟大人物和可爱人物，这些都构成了历史中国带给我们的山河岁月，面对它们的时候同样也会引发我们的真诚之深爱。

综上，中国历史学知识体系建设的基础在承认文明多样性对于人类世界的意义，然后需要认真切实，满怀温情与敬意地去学习、认知中国文明和中华文化的"独特"，而这又与发现"自己"密切相关。

## 二　在发现"自己"中建设中国历史学知识体系

建设中国历史学知识体系的另一大任务在于发现"自己"。这个任务之所以重要，第一在于中国历史和中国历史学的源远流长与博大精深，第二则在于自清末以来"尊西崇新"之风气仍未得到根本性扭转，中国历史学研究中"反认他乡是故乡"的例子比比皆是。

比如，今日历史学人好谈"档案中的虚构"，言此必溯源至美国新文化史代表人物娜塔莉·戴维斯。尽管娜塔莉·戴维

---

1　钱穆：《国史大纲》，第100页。

2　陈垣：《元西域人华化考》，上海古籍出版社，2008，第3页。

斯所谓"档案中的虚构"有其自身独特的理论风貌，[1]但就一些历史学人的简单化理解而言，他们似乎不知早在清代，章学诚已指出"史之为道也，文士雅言与胥史簿牒皆不可用，然舍是二者，则无所以为史矣！"，因此要"簿牒之事，而润以尔雅之文，而断之以义，国史方志，皆《春秋》之流别也"。[2]

此言说明了在中国自身的史学脉络中，我们很早就懂得各种史料的使用限制，更有方法让"不可用"的史料变得可用。遂使得一方面"中国人之好做假书——就是制造假材料——是历代不断的"；[3]但另一方面中国人会"绸史记石室金匮之书"，进行整理、综合与剪裁，并辅之以"网罗天下放失旧闻"，以补档案缺失与材料作假之不足。[4]

又如今日在历史学界"如火如荼"的情感史，以笔者有限阅读范围，学界的介绍和梳理似只有一个"西方渊源"，而无一个"中国传统"。其实中国自身"情感史"研究的格局比欧美的"情感史"研究要大得多，在这大格局里讨论的问题也明显更为重要、内容更为丰富，且更能接上中国历史的主干。这是因为中国史学历来重视"人"，同时又重"古史"。

从重视"人"这一面来说，人的历史岂能不涉及情感？而且中国史学写人、论人的一大特色为不那么"成王败寇"。失败者、小人物、无事迹者都在历史里面，且在历史里面发挥着重要影响。项羽自刎乌江千古流传，伯夷、叔齐不食周粟为人

1　参看刘永华《娜塔莉·戴维斯在西方史学界为何如此重要》，《澎湃·私家历史》2016年1月6日，https://www.thepaper.cn/newsDetail_forward_1415291。

2　《方志立三书议》，《章学诚遗书》卷14，文物出版社，1985，第123页。

3　《傅斯年古典文学论著》，上海书店出版社，2011，第45页。

4　《史记·太史公自序》，中华书局，1959，第3296、3319页。

传颂，管宁一生基本是逃跑和躲起来，但也史不绝书。这样的历史看重的是他们的悲情豪壮、风骨气节与生命格调，关乎纲纪、流品和坚守，处处都是大写的人和由大写的人所承载的宏阔且细腻的情感，所以"西方史常表见为'力量'，而东方史则常表见为'情感'……中国史之隆污升降，则常在其维系国家社会内部的情感之麻木与觉醒。此等情感一旦陷于麻木，则国家内部失所维系，而大混乱随之"。[1]

从重"古史"这一面说，"古史"渺茫不可寻，往往缺少材料，三代尤其如此。这对研究者来说一方面是一种困局，但另一方面也成为中国历史学家运用其"史学想象力"的好地方。如何在重重缺环中填补上空白，如何给聚讼不休的问题以有力解释，如何穿透迷雾，只眼千年地重建极其遥远的过往，这些高难度问题要求游目骋怀、灵光闪现与同情的理解，即其与"情感"极其相关。钱穆在《国史大纲》中谈到殷周之间的"政治名分"就是一个佳例：

> 在夏时，已有所谓中央共主与四方侯国之国际关系。此种政治上名分之成立与维持，为考论中国古史文化演进一极端重要之问题，不可忽视。及至殷末周初，此等共主与侯国之政治演进至少已有七八百年以上之历史。而且殷在安阳，周在丰镐，相去千里外，政治上能有此名分上之维系与分别，只据此点，即可推想当时一般文化之

---

1　钱穆《国史大纲》，"引论"，第24页。这种重视中国史里"情感"的思路，钱穆在日常生活中也多有阐发。他常说："人与人之间没有了情，还有甚么可言？"。这些"情"包括亲情、友情、人情、物情、天地自然之情、国家民族之情。韩复智编《钱穆先生学术年谱》第1卷，中央编译出版社，2012，第40页。

程度。[1]

　　钱穆这段话并无太多直接史料可用，与今日讲求"实证"的、硬核的史学全不相似，但其极具通透情感性质的"政治名分"说却有如下作用：一、为古史里殷周关系这一聚讼不休的问题拿出自成一说的历史解释；二、为中国大历史中政治如何影响文化，而文化又如何塑造政治立下了一个起点；三、为当下历史学乃至政治学、国际关系学等各方面研究提供了能进一步深思的启发性资源。

　　中国历史学知识体系的建设是一个紧迫任务，同时又是一个任重而道远的过程。"任重而道远"首先表现在正如毛泽东所言："不做调查没有发言权，不做正确的调查同样没有发言权"。[2]在中国历史学知识体系建设中亦可说："不读书没有发言权，不读应该读的书同样没有发言权"。从此出发，我们最应该读的书从知识体系"内外圆融"的要求出发主要可以有以下三类：一类是马克思主义的原典特别是与历史学，与唯物史观相关的重要作品；一类是李大钊、陈独秀、瞿秋白、毛泽东等中国马克思主义先进者的著述；最后一类是中国马克思主义史学家如范文澜、翦伯赞、郭沫若、胡绳、黎澍和吕思勉、李平心、吴泽、陈旭麓等史学领域"上海社科大师"的作品。

　　综合这三类书，一方面可以探求马克思主义史学如何深刻改变了中国历史学的现代发展，另一方面则也能看到中国历史学的现代发展如何为马克思主义史学增添了全新的内容与

---

1　钱穆：《国史大纲》，第 35 页。

2　《总政治部关于调查人口和土地状况的通知》（1931 年 4 月 2 日），《毛泽东农村调查文集》，人民出版社，1982，第 13 页。

活力。

其次表现在马克思主义自身产生于对其他对立学说的批判之中，然后其自身也在与其他对立学说的斗争中不断完善。对此鲁迅曾言："我们看书，倘看反对的东西，总不如看同派的东西的舒服，爽快，有益；但倘是一个战斗者，我以为，在了解革命和敌人上，倒是必须更多的去解剖当面的敌人。要写文学作品也一样，不但应该知道革命的实际，也必须深知敌人的情形。"[1]因此知识体系的完善应该是一个不断地审视对手、迎接挑战、自我批判，最后臻于完善的动态过程。

在这一动态过程中，中国历史学知识体系在新世界的整体历史学知识体系中会占有愈来愈重要的一席之地，而其是否能愈加重要又取决于我们能否不断发现"自己"与切实地确认"自己"。在这样的交错互动中，中国历史学知识体系的"内外圆融"才具备了真正的可能性。

---

1 《上海文艺之一瞥》，《鲁迅全集》第 4 卷，人民文学出版社，2005，第 308 页。

# 第三讲 "大历史"里的中国近代史

中国近代史紧密联系着中华民族数千年"文明史"，中国人民近代以来170多年"斗争史"和中国共产党百余年的"奋斗史"，因此亟须要在"大历史"进程中得到重新理解。这种重新理解需要从历史对中国人的特别意义谈起。

在中国传统中，中国人相对缺乏"宗教神圣"，但有源远流长的"历史神圣"。[1]源远流长的"历史神圣"表现在以下几个方面。

其一，在当时人的理解里，历史的作用经常是"鉴于往事有资于治道"，历史如何叙述与君主统治

---

1 如费孝通即言中国人"素来没有宗教训练"，"不能在血液中散发出一种不为自己打算而为人服务的热忱"。《我们在农村建设事业中的经验》，《费孝通文集》第1卷，群言出版社，1999，第107页。

的合道性（合法性是一个植根于西方语境的概念，在中国语境里合道性既包含合法性，又大于合法性）紧密相关。

其二，历史不是如今人想象般"纯然客观"，而是负担着对人之善恶与事之对错进行"褒贬"的重大责任，[1]这种重大责任的典型反映就是所谓"孔子作《春秋》，乱臣贼子惧"。

其三，当时人常说写历史要"秉笔直书"，其内涵一方面当然指记录今天实证意义上的历史"真相"，但另一方面，也是更重要的目的为：通过"直书"来坚持以儒家学说为基础的大是大非，种种大是与大非在具体历史情境中或许暂时会被破坏或转换，但在人心中它们依然神圣而永固，否则在读书人看来就是"亡天下"的表现。[2]

由中国传统的"历史神圣"反观今日中国近代史的整体论述，一个突出问题就此表现出来，即当中国近代史的整体论述面对种种以"真相""客观""细节"等为名的历史叙述的挑战时，该如何切实应对这些挑战。应对的方法，大概一方面不能仅仅满足于揭示对手方的"真相"为假，"客观"为主观，"细节"为虚无；另一方面亦不能以直接忽略、鄙弃和无视的态度来消解对手方。以我的浅见，真正的应对大概在从中国文明大历史的传承中重新定位和书写中国近代史，其中尤其重要的是唤起国人心中的"历史神圣"，重构中国近代史的整体论述。这样的努力大致可落实于以下两个问题。

---

1　如在《资治通鉴》中，北魏尔朱兆梦城阳王元徽密告而杀寇祖仁事就是个典型例证。《资治通鉴》卷154，中大通二年十二月，中华书局，1956，第4791页。

2　顾炎武著，黄汝成集释《日知录集释》中，上海古籍出版社，2006，第756页。

# 一 如何讲述中国近代史的"起点"

从初高中历史教科书到大学公共课历史教学，均以中国近代的社会性质为"半殖民地半封建社会"。我深深理解这一概念对于中国近代史整体论述的奠基性作用，故并不在此讨论"半殖民地半封建社会"的适用与否。不过当我们讲近代中国发生了从"封建社会"向"半殖民地半封建社会"的转变之时，总得去讨论"变化之前是何模样"即"封建社会"尤其是明清时代的"封建社会"究竟是何模样。[1] 此正如王亚南指出：

> 研究现代中国经济，在科学系统的说明上，往往要求涉及过去传统封建经济因素，自难免有人会觉得那是超出了研究的范围……然而在事实上，我们传统经济不但在我们所研究的对象中，占着一个非常重要的地位，而且它本身的历史特质，还在大家断断争辩中。[2]

从王亚南的洞见出发，我们不难看出明清时代的"封建社会"是何模样是一个极其复杂的问题，因为无论是政治、经济，还是社会和文化，即使只考察明清时代都会呈现出极其复杂的历史线索和极其丰富的历史面相，中外学界也涌现出了诸多新成果与新解释。这就带来一个问题，即中国近代史的大范

---

[1] "变化之前"值得关注，"变化之后"亦需要注意，如费孝通所言：描写"变迁过程"，"最方便的是比较这两种状态的差别"，但要注意"这是须在后起的局面多少已成形的时候才能有此方便"，但中国社会"变成什么样子"，现在还没有人敢说。《乡土重建》，《费孝通文集》第 4 卷，群言出版社，1999，第 301 页。

[2] 王亚南：《中国半封建半殖民地经济形态研究》，人民出版社，1957，第 51~52 页。

围教学如何与学界研究相对接？一方面不能也不可能照单全收，但另一方面，若仍停留在"中国封建社会的经济、政治、文化、社会结构，一方面巩固和维系了中国封建社会的稳定和延续，另一方面也使其前进缓慢甚至迟滞，并造成不可克服的周期性的政治经济危机"，[1]则中国近代史整体论述的重构也会面临一些问题。

造成这些问题的关键就在于，若以一个用"专制""腐朽""黑暗""缓慢""迟滞""闭关自守""故步自封"等词汇来定位的"封建社会"作为中国近代史的"起点"，虽也道出了中国"封建社会"的一部分特点，但也可能就此陷入 20 世纪初年欧美列强把"中西之别"悄悄转换成"古今之别"的重大文化危机。在"古今之别"里，前述那些用来描述封建社会（实际上是"中国"）的关键词背后其实隐立着另一些关键词，它们是用来定位（甚至歌颂）"西方"的，[2]比如"民主""自由""先进""光明""发展""自由贸易""开放进取"等，若是用《中国近现代史纲要》中的表述则为："到了鸦片战争前夜……中国已经落后于西方资本主义国家。"[3]

这一表述当然大致不错，但"落后"究竟是指什么方面的"落后"，若指的是中国各方面的"全盘落后"，[4]进而以列强为现

---

1 《中国近现代史纲要》编写组编《中国近现代史纲要》，高等教育出版社，2018，第9页。

2 我清楚地知道"西方"是一个太过笼统、庞大的概念，其本身在历史中亦为一个"变量"。这里使用"西方"固然是为了行文方便，同时"西方"也的确是近代尤其是清末人士对英法德美列强的一种集约化"认知"。

3 《中国近现代史纲要》，第9页。

4 如在胡适看来，大概就是"全盘落后"。1928 年他在一次演讲中即说"觉得我们样样都不行，样样都不如人家。思想不如人家，哲学不如人家，文艺美术不如人家，道德宗教不如人家，还有铁路，兵力，一切都不如人家。"胡适讲，陆长康、潘应祺记《我们的生路》，《苏中校刊》第 1 卷第 1 期，1928 年 3 月 1 日。

代，中国为古代；列强为文明，中国为野蛮；列强为先进，中国为迟滞——"古今之别"无疑造成了列强与中国在历史发展序列中的位置固化，且这种"固化"因古今的单一线性而不太能得到改变。王国斌就认为：

> 中国在 19 世纪踏进了我们现在所认知的全球史当中，而我们对此所采取的观点，是依据那些将西方想法、制度认作进步，而将在地习俗、措施的存续认作退步的衡量标准。相同或类似的准绳，也进而被应用到 20 世纪的中国历史上。[1]

若我们能跳出"古今之别"的窠臼，转而以"中西之别"看中国"封建社会"，则所见会相当不同。因为在"中西之别"里，中国"封建社会"的历史书写可喻之为一个音乐家的传记，西方历史的书写可喻之为一个网球手的传记。网球手传记中记录的进步点滴与辉煌时刻在音乐家传记中可能全无踪迹，但这并不妨碍音乐家传记里也有属于音乐天才自身的进步点滴与辉煌时刻。[2] 由此英、美、法的政治革命，列强近代工业革命和依次前推的宗教改革，大宪章颁行，文艺复兴等固然

---

1　王国斌:《鉴往知来：中国与全球历史变迁的模式与社会理论》，台湾新竹，交通大学出版社，2019，第 79~80 页。

2　这个比喻得自于钱穆。参见钱穆《国史大纲》，商务印书馆，2013，"引论"第 9~10 页。此比喻颇近于德国近代历史哲学特别是赫尔德的论述。"他们认为人间的价值，都是相对的，在历史的过程中，没有一个完美的，大家都遵循的法则或目标。各民族或文明都是他们各自历史的产物，历史经验不同，自然发展出不同的理想和价值或世界观。"李弘祺:《序》，陈建守主编《时代的先行者：改变历史观念的十种视野》，台北，独立作家出版社，2014，第 6~7 页。

为西方历史的"进步",却不必在中国历史中去强行一一对应,
孜孜以求。明清时代自有其本身的"进步",如疆域版图的扩
大、人口的急速增长、多民族治理模式的完善、全国性市场的
形成、海外贸易的发达等。这些内容其实都可以与目前历史教
科书中的一些表述做更深刻的结合,以重新认识中国近代史的
"起点"。

这种重新认识建基于谈论中国历史的两个基本大前提——
地方大与人口多。及至明清时代尤其是清代,中国的疆域范围
达到巅峰,人口也在爆炸式增长。这两个基本前提造成了当时
中国既享受着"大"的好处,也面对着众多"大"的难处。好
处与难处的错综并存正是明清时代"封建社会"之政治、经
济、文化的基本特点,具体表现在以下几个方面。

第一,明清时代"封建社会"政治的基本特点是国家基于
郡县制的大一统集权。若无"大一统"和"权力集中",则如
此庞大国家的治理就会出现严重问题。但在郡县之下,中国广
大基层社会又处于实际"自治"的状态,遂导致日后孙中山、
梁启超等人常讥之为"一盘散沙"的状态。但正是这"一盘散
沙"式的基层自治状态,保证了明清政府能以相对小的"制度
成本"来处理一个大国需要面对的各种复杂问题,这是"大有
大的好处"。但对一个政府来说,以相对小的"制度成本"来
治理一个庞大国家,承平年代无太大问题,但如果遭遇严重天
灾和对外战争,这个政府就会因其动员能力不足而难有大的表
现,这是"大有大的难处"。[1]

第二,明清时代"封建社会"经济的基本特点是以农耕为

---

主的自然经济，但自然经济并不意味着中国没有市场和贸易。16 世纪和 17 世纪，中国是世界上产业最先进的国家。中国的丝绸、瓷器等是国际市场上的抢手货，对外贸易全部顺差，中间虽然经过萧条，但到清前期尤其是康雍乾三朝，市场规模空前扩大，市场组织、商品结构、运储条件均有改进。不仅有地方小市场，亦有区域大市场；不仅有中近距离的贩运贸易，亦有远距离的长途贩运贸易。[1] 此种商贸的演进和疆域扩大与人口增长带来的各种效应都有密切关系，这是"大有大的好处"。不过当时虽有经济增长、市场扩大、贸易繁荣和商人实际地位的上升，但在中国人尤其是读书人的观念里，仍以耕读传家为"本"，贸易商业毕竟为"末"。这常让中国人不太重视"富强"，所谓"国家之所以存亡者，在道德之浅深，不在乎强与弱；历数之所以长短者，在风俗之厚薄，不在乎富与贫"。[2] 与不重视"富强"相对照，中国的"民本"思想源远流长，历朝历代均非常重视"民生"。在一个还没有"万国竞争"的时代里，不重富强而重民生实是一件好事，而非一件坏事。况且一个不太重视"富强"的国家却能创造出"康乾盛世"，其中的历史因果更值得深入探究。

第三，明清时代"封建社会"文化的基本特点是以儒家学说为基础，融合道、法、释诸家，以"天下"为基本架构，造就了一套既具有和平特征又极富包容性的中国文化，其以科举制为平台，一方面成就了"靖一国之思想，同一国之风气"的

---

1 吴承明：《中国的现代化：市场与社会》，生活·读书·新知三联书店，2001，第 235、236、238 页。

2 顾炎武著、黄汝成集释《日知录集释》中，第 759 页。

国内思想文化环境，[1]另一方面远播朝鲜、越南、日本等亚洲各国，在价值观输出上具有无与伦比的影响力。对于中国文化，我们一方面要充分认识到它对于一个以地方大、人口多为基本前提的国家的重大意义：中国那么大，人那么多，每个地方那么不一样，在那么多"不一样"的基础上，一个整体意义上的"中国"正是依靠中国文化的包容和整合力量才得以建立并巩固下来。在漫长的中国历史发展过程中，无数当年的"蛮夷"因文化的接受而变成了今日的"华夏"。另一方面也要清醒地意识到我们百多年来给中国文化加上了太多的"污名"，似乎这套文化已成我们前进的桎梏。其实正如钱穆所言：不要将"我们当身种种罪恶与弱点，一切诿卸于古人"，否则即是一种"似是而非之文化自谴"。[2]

总之，中国的确背负着沉甸甸的"过去"，蹒跚地走进了近代，这沉甸甸的"过去"让我们"船大不易掉头"，饱尝艰辛和苦难。但在一百多年中华民族复兴的历史进程中，也正是这艘古老"大船"载着我们乘风破浪，勇往直前。因此，对这些沉甸甸的"过去"大概要做重新审视。曾几何时，它们被称为"历史包袱"，但即使是"包袱"，也不必一定全部"卸之而后快"，否则中华民族五千多年的文明史传承就无从谈起。

何况在"历史神圣"的眼光下，沉甸甸的"过去"同时意味着祖先留下的丰厚财富，其完全能为当下和未来提供富含"本土性"的思想资源，进而产生充沛的前进动力。因此，如何在文明史传承的框架下带着"温情和敬意"讲述中国近代史的

---

1 《皮锡瑞全集·日记》，癸卯闰五月初二日条，中华书局，2015，第1661页。
2 钱穆:《国史大纲》，第1页。

起点，或是个相当关键的问题。而这一问题又与下文要谈的如何看待中国近代史沉沦与荣光的辩证统一之问题具有内在的密切联系。

## 二 中国近代史沉沦与荣光的辩证统一

在目前中学历史和大学中国近代史公共课的框架下，中国文明进入近代的过程是一个由封建衰世转变为"半殖民地半封建社会"的不断"沉沦"的过程。大学历史教科书和中学历史教科书的衔接一方面是顺理成章的，但另一方面也是基本没有差别的。中学生对黑暗、屈辱的中国近代史的根深蒂固印象到了大学也依然如此，以致大学里虽然也讲"抗争"，但好像总是"屈辱性历史记忆"太多，"抗争性历史记忆"较少，"荣光性历史记忆"更无从谈起。

对此，我们一方面要承认中国近代"沉沦"的连续性和其带给当时国人和今日国人的巨大屈辱感，这当然是中国近代史尤其是其前半部分非常重要的面相。但另一方面，如何以新的视角观察中国近代史，特别是从中国人民持续不懈的"抗争"出发，充分阐释出由"抗争"带来的"荣光"，进而从沉沦与荣光的辩证统一来解读中国近代史，这大概需要一系列文章的细致讨论。限于篇幅，本文只能略谈两点：一个是如何从世界范围来看中国近代史沉沦与荣光的辩证统一；另一个是如何从世界新秩序建构的角度来看中国近代史沉沦与荣光的辩证统一。

从第一个问题说，若判定中国近代社会为"半殖民地半封建"社会，则这个"半"字需要特别加以注意。"半"字在一个

维度上意味着"主权丧失",即"中国已经丧失了完全独立的
地位,在相当程度上被殖民地化了",[1]但在另一个维度上,"半"
字意味着在那个梁启超称之为"民族帝国主义"的时代里,中
国从未完全沉沦为"直接殖民地"和"完全殖民地",具体表
述是"还有一定的主权",与连名义上的独立也没有而由殖民
主义宗主国直接统治的殖民地"尚有区别"。[2]

其实不只是"尚有区别"!在世界范围内看,这是了不得
的"荣光"。中国近代史"沉沦"到底的时间一般判定为1901
年《辛丑条约》的签订,在日常教学中亦强调从《南京条约》
到《辛丑条约》中国"半殖民地半封建"化程度的不断加深,
直至资本—帝国主义"日益成为支配中国的决定性力量"。[3]但
若能有世界性的比较眼光,则会发现在中国"沉沦"到底的时
候,非洲90%的地区、亚洲56%的地区、美洲27%的地区以
及澳洲全部,都已沦为列强的直接殖民地和完全殖民地。[4]而中
国在列强的步步紧逼下却仍能保有相当一部分主权。[5]除中国外,
同时期世界上能做到此点的仅有5个国家,即波斯、土耳其、

---

1 《中国近现代史纲要》,第12页。

2 《中国近现代史纲要》,第13页。

3 《中国近现代史纲要》,第14页。

4 上海师范大学政治教育系编写组编《国际共产主义运动简史(1848—1917)》,上海人
  民出版社,1976,第209~210页。到第一次世界大战后,情况也未有改观,据中国国
  民党第二次全国代表大会宣言:"欧战以后,世界地图,实表示一幅人类被奴隶之可怖
  的写真。如世界全面积等于一万三千四百万万基罗米突,则属于帝国主义及被管辖于
  帝国主义之殖民地,其面积等于九千万万基罗米突。"中国第二历史档案馆编《中国国
  民党第一、二次全国代表大会会议史料》,江苏古籍出版社,1986,第436页。

5 《纲要》强调的是"在某些时期,中国的某些地区甚至沦为帝国主义直接统治的殖民
  地"。《中国近现代史纲要》,第14页。

埃塞俄比亚、泰国和日本。[1]

进一步说，若以清朝鼎盛时期的版图作为标准，在 20 世纪上半叶，世界上的诸多老大帝国如俄罗斯帝国、德意志帝国、奥匈帝国、土耳其奥斯曼帝国都已维系不了旧日的版图，纷纷土崩瓦解，昔日的荣光只能留在历史的尘埃之中。只有中国虽然在清朝灭亡后经过多次政权转移，但大体上保持了清朝旧有版图，并在此版图基础上一步步走向"大国崛起"。因此，从"秋海棠"到"雄鸡"的中国版图变化并不能仅仅看作是割地赔款的"屈辱"。在一个充满血与火的时代里，中国人全力抗争、苦苦坚持，正是这种抗争和坚持保留住了原本广大领土中的绝大部分，这难道不应当视之为一种"成功"？[2]那么究竟如何判断一个国家在世界历史进程中的"成功"与"失败"呢？这决定于笼罩这个世界的秩序是怎样的，因此就要讨论第二个问题——世界新秩序的构建。

近代中国之"沉沦"虽然具体表现在丧权辱国、割地赔款，但最为可悲的"沉沦"却不在于此，而是表现为经过了自1840 年起 60 多年被侵略的痛苦历程后，到 20 世纪初中国自身尤其是在一部分读书人中开始流行起"沉沦"不是列强侵略的结果，而是列强不得不以战争的方式为腐朽、老迈之中国带入"文明"的论调，其基本内容说的是，中国在 60 年对外战争中屡战屡败是因为从器物、制度到文化的全面落后，由此推出了一个醒目的道理——"落后就要挨打"。

---

1　[ 美 ] 斯蒂芬·哈尔西：《追寻富强：中国现代国家的建构，1850—1949》，赵莹译，中信出版集团，2018，第 30 页。
2　王海洲：《从秋海棠叶到雄鸡：现代中国地图的象征化与国家认同构建的嬗变》，《江苏社会科学》2016 年第 6 期。

　　这个道理虽然醒目，却必须要加以仔细分梳，必须认识到"落后就要挨打"是一种"实然"的道理，即国家军事力量弱小，则输掉对外战争的概率非常大，因此必须全力发展国防。但它不是一种"应然"的道理，即一个国家"落后"并不该"挨打"，也绝不意味着原本落后的国家一旦强大了，就可以去侵略其他弱小国家。此正如朱执信所言，拿强力去拥护权利，会与公理冲突，就会翻身转到"强力就是公理"的地位。[1]

　　可是在清末民初，相当一部分读书人把"落后就要挨打"看成了"应然"的道理。他们想象的世界秩序与列强意欲强加于全球的世界秩序是"同构"的，具体表现在清末十年的读书人把世界之人种按照肤色分为白、黄、黑、棕、红五色，认为日后世界将为白种人所统治，黄种人若奋起一博，尚有一线生机与白种人共存于地球，其余黑、棕、红等人种则必然在"进化淘汰"之列，因此这些读书人常幻想能够占领"弱种"之国为殖民地，进而称霸全球，"郡县天下"。刘师培就对"醒后之中国"在全球的地位做过一番畅想。在他看来，中国版图要"尽复侵地，北尽西伯利亚，南尽于海"，接着"建强大之海军，以复南洋群岛中国固有之殖民地。迁都于陕西，以陆军略欧罗巴，而澳美最后亡"，最后"宗主地球"！[2]康有为则借《爱国歌》说道："我速事工艺汽机兮，可以欧美为府库！我人民四五万万兮，选民兵可有千万数。我金铁生殖无量兮，我军舰

---

1　《不可分的公理》，《朱执信集》，中华书局，1979，第 466 页。

2　刘师培：《醒后之中国》，刘师培著，李妙根编，朱维铮校《刘师培辛亥前文选》，中西书局，2012，第 56、57 页。

可以千艘造。横绝五洲兮,看黄龙旗之飞舞!"[1] 刘师培与康有为一个是革命党,一个是君宪派,无论在学术意见和政治立场上都极其对立,但在清末狂想中国如何"竞雄世界"上竟然如此相似。

这种"民族帝国主义"式的世界秩序想象,清末就有人做反思,如杨度就希望"有优胜而无劣败之国"。[2] 到五四时期特别是马克思主义传入中国后才有根本性改变。这种改变概略言之表现在:对世界上所有受压迫阶级的一视同仁,对于列强瓜分世界、殖民掠夺的强烈谴责和对于世界弱小国家、民族的充满同情与休戚与共。它冲破了对己国十分"文明"却对他国无比野蛮的"文明等级论",打造了一个各国平等互惠、各美其美、美美与共的"人类命运共同体"。因此,若要回答为何"只有中国共产党才能救中国",应先从中国近代史"沉沦"与"荣光"辩证统一的角度来分析为何中国共产党从诞生之初就没有停留在"解释世界",而是走向了真正的"改造世界"。

目前中国近代史整体论述重构的挑战在于它不仅仅是中国近代史,更是中国文明大历史的一部分。因此,中国近代史与其"前史"的关系、中国近代史的世界比较以及中国近代史在整个中国文明史中的定位等,都需要重新去认真思考,仔细厘清。[3]

---

1 姜义华、张荣华编《康有为全集》第12卷,中国人民大学出版社,2007,第139页。

2 《金铁主义说》,刘晴波主编《杨度集》,湖南人民出版社,1985,第220页。

3 如范文澜就曾针对中国近代思想史的研究提出,"要了解洪秀全、康有为、严复和孙中山以及比他们较次的龚自珍、谭嗣同、梁启超、章炳麟等人的思想,困难更多,不先了解孔子以来的全部思想史,几乎将无从入手",又说,"研究中国近代史,仅仅了解中国古代史还不够的,还必须了解近代世界史"。《关于中国历史上的一些问题》,《范文澜全集》第10卷,河北教育出版社,2002,第269页。

从中国近代史与其"前史"的关系来说，大概已不宜简单
地将中国近代史与其"前史"截然两分，视前者属于"近代"，
后者属于"中世纪"。这种过于线性、过于强调断裂的史观看
似机械地符合了社会发展阶段论，但更可能因"古今"位置的
固化而既扭曲了中国古代的历史，又看不清中国近代史的真正
走向。黎澍就指出："西方侵略者在中国横冲直撞一百年之久，
始终没有能够使中国沦为他们直接统治的殖民地，到底也还是
因为我们民族是有伟大革命传统和优秀文化遗产的民族，能够
很快地领会世界最先进的文化成果。"[1]

从中国近代史的世界比较来说，研究者仍需要进一步扭转
几十年来无论在心态上还是实际研究中都过于看重"先进"欧
美列强的局面，[2] 转而重拾我们曾认真研究过的亚非拉第三世界
国家的历史，尤其是他们的被殖民经验和反殖民经验。其被殖
民和反殖民的历史研究得越清楚，对于讲清我们自己的"半殖
民地"经验和抗争的历史就越有帮助。若无这一参照，一般就
只能用马克思的宗主国"双重使命说"[3] 来解释殖民历史，而这
一解释的效力和深度目前颇让人生疑。

从中国近代史在整个中国文明大历史中的定位来说，大
概首先要明确传统是不死的，"陈旧的东西总是力图在新生的

---

1  黎澍：《马克思主义与中国革命》，人民出版社，1980，第8~9页。

2  王国斌指出："即便有人认为中国财政措施的一些特点比欧洲或美国方面还更有效，我
   们仍能轻易找出很好的理由指出中国式措施不适用于美国或欧洲的民主环境。然而与
   此相称的议题是：中国环境何以应该安然接纳西方的措施？大多数学者似乎对这一提
   问颇不以为意，因为这简直被视为理所当然。"王国斌：《鉴往知来：中国与全球历史变
   迁的模式与社会理论》，第76~77页。

3  马克思：《不列颠在印度统治的未来结果》，《马克思恩格斯全集》第9卷，人民出版社，
   2016，第247页。

形式中得到恢复和巩固"。[1] 中国历史文化不仅能在现实中被借鉴和吸收，更能为中国和世界提供建构未来政治和社会图景的资源。其次则要努力在更长时段中考察中国近代史，以使得这一百多年的历史获得更厚重的背景和更长远的思考。

综合以上三点，我们要讲清楚的两个大问题是：其一，如何在中国史的整体视野里培养具备中国近代史基本常识的国民；其二，如何在中华文明传承和世界时空比较的双重维度里，回答中华民族何以能够复兴。只有讲清楚这两个重大问题，新的历史神圣感才有可能真正充盈起来。中国近代史整体论述的重构才能顺利地推进。

1 《马克思致弗·波尔特》（1871 年 11 月 23 日），《马克思恩格斯全集》第 33 卷，人民出版社，2016，第 332 页。

# 第四讲 "知常"与"察变"
## ——考察中国近代史的基本方式

章士钊曾言：历史是一出"动动相续的整剧"，指定一时间点说"此某时代也"，"此某时代与某时代之所由分也"，是"皆权宜之词，于理论未为精当"。[1] 这个提醒无论对中学还是大学的中国近代通史教学都极为重要。因为所谓"中国近代通史"最重要的字眼落在"通"上，而非"近代"上。要真正将"通"落实，则考察中国近代史的一些基本方式仍有待继续思考，其中"变化"二字就相当值得关注。

1840 年以后的中国以"变"而著称，这一判断在一般意义上当然是不错的。但若要深入讨论

---

1 《新时代之青年》,《章士钊全集》第 4 卷，文汇出版社，2000，第 109~110 页。

则以下问题也并非全无思考的必要。第一，所谓"近代"之前，中国绝非"停滞"，而是有多次巨大的时代变化。且从时人感受出发，周秦、唐宋、明清之际，他们对于时代之转折都有"天崩地裂"之感，读书人的感受尤为强烈。那么何以认定1840年以后的变化就更为显著、更为广大？第二，所谓周秦、唐宋、明清之变，从其有迹可循到基本稳定都有长达三四百年的历史过程，而1840年之后的变化满打满算至今不到200年，结果既未到完全呈现的时刻，则起因大概仍然混沌。第三，最为重要的是，即使近代以来是一个前所未有之"变局"，但也总有不变的部分，同时更有变化之前的模样。无论历史教学还是历史研究，若不能厘清不变的部分和变化之前的模样，则"变局"也谈不清楚。从以上问题出发，考察中国近代史，"知常"有待开展，"察变"也需要有不一样的思路。下面就先从"知常"谈起。

一

"知常"是读史过程中的难事，但又是必须要做的事。对于中国近代史"知常"目的有三。第一是为了给学生讲清楚"历史条件"的重要性。不少人常认为"历史是一个任人打扮的小姑娘"，此说大略可归在胡适名下，待考。这个说法的毛病在其虽然指出了历史叙述的当下性与阐释性，但却忽略历史叙述的当下性与阐释性不是凭空的、任意的、想象的，而是受制于具体的、长程的历史条件。与"小姑娘论"相比，马克思在《路易·波拿巴的雾月十八日》中论说历史如何"创造"无疑要深刻得多。马克思一方面承认人类创造着自己的历史，但另一方面强调人类创造历史不是"随心所欲"的，而是只能在直接面对的、已成事实的、从过去传承下来的条件下创造。[1] 从马克思的"历史条件论"出发，目前的中国近代史教学过于注重"历史结果"（当然这是相对而言，如对比《中外旧约章汇编》中纷繁复杂的条约内容，教科书中关于各场战争之历史结果——"条约"内容也只是其中的九牛一毛，更无论其他），而在"历史条件"的呈现和分析上极为不足，甚至可以说是"粗糙"。"粗糙"到学生对变化之前的模样——那些历史条件如何"存在"，如何"影响"历史发展相当不了解，连教师自己是否很了解也可以打一个问号。这带来一个问题，即当你说某一事物发生变化，比如判断一个人由胖变瘦，若先前并不丰腴，而是相当苗条，那么接下来的分析岂非全错？

无视历史条件的例子在中国近代史的惯常叙述中相当不少，比如总要在"天朝上国"之后加"的迷梦"三个字。其实"天朝上国"无论在国家实力上，还是观念形态上都是当时的事实。僻远小国"夜郎自大"才是"迷梦"，中国本为世界大国、世界强国，为何就成了"迷梦"？难道非要乾隆远离中华文明特性，成为另一个争霸全球、殖民世界的彼得大帝，方为"梦醒"？其间的逻辑无视历史条件，希望乾隆能超越时代"先知先觉"，进而也在相当程度上贬低自己的文明，误解中国的历史。

第二，知常是为了符合讲历史的一个基本原则，即前后逻辑的自洽。没有一位教师能精通所有历史，中学历史教师尤其会面对此种困境。从时间上讲，中学历史教师要从上古史讲

---

1　马克思：《路易·波拿巴的雾月十八日》，第 1 页。

到当代史；从空间上说，几乎涉及世界每个国家、地区的发展演变历程，还要加上坊间时髦的"全球史""环境史""新文化史"等。因此，"知常"追求的高境界当然是各通史和专史无所不知，无所不晓，但基本要求应是前与后、中与外，部分与整体的逻辑自洽。

比如考察中国近代史的一个基点为中国近代社会的基本性质为"半殖民地半封建"社会。若把封建看作中国传统的"封土建国"之意，则自秦以后中国就不是"封建社会"，由此中国近代社会基本性质的判断似乎出了偏差。其实问题远没有那么简单。"半殖民地半封建"概念本就不是从书斋中冒出来的，而是发展于中国共产革命的伟大实践。其既具有对中国革命基础为何、该如何发展的深刻判断，又隐含着对共产国际一刀切路线的修正，是马克思主义中国化的重要一环。但这样复杂的内容大概很难在中学课堂上传递。中学要做的是如何以"半殖民地半封建"为历史起点和逻辑起点，做好前后历史与中外历史的对比与协调。即不必也不能否定中国近代"半殖民地半封建"的社会性质，但讲到1840年前后的中国国力，讲到所谓自给自足的自然经济时要更有分寸。因为若一味强调先前是自然经济，鸦片战争后才进入商品经济、外贸经济，就很难解释中国古代史上的市场问题，长途贸易问题，陆上、海上丝绸之路问题和资本主义萌芽问题。何况在特定区域内即使没有欧美的外贸经济，也还有庞大的内贸经济和东亚、东南亚外贸经济。明清时代江南商品经济的发展经常依靠的就是内贸和东亚外贸。因此在江南真正的历史演变逻辑或是原本以内贸、东亚外贸为主体的江南商品经济，经过鸦片战争后渐渐转化为欧美国家外贸经济占据重要份额的经济形态，而如是解说会更加凸显中国近代的"半殖民地"特征，而非消减。

第三，知常是为了部分揭示历史中那个"无言"的世界。在中学历史教学的核心素养中，无论是时空观念、史料实证、历史解释，还是唯物史观、家国情怀，每一种素养都包含着"有言"与"无言"的区分，即史料（文字、图像、实物）"有形而无言"，教师和学生需要用自己的"有言"来提炼、证明和解释；围绕史料的历史情境更是"弥漫而无言"，需要教师和学生以时空之"有言"来定位，以史观之"有言"去认知，以情怀之"有言"来感悟。《共产党宣言》有言，"一切等级和固定的东西都烟消云散了，一切神圣的东西都被亵渎了"，[1]考察中国近代史或许需要反思：我们是否太把考察的重心和中心放在"烟消云散"和"都被亵渎"上了？"消散"和"亵渎"都较为有迹可循，同时也更易于解说，但那些东西何以能够"坚固"、又何以能够"神圣"却在相当程度上被简化，甚至被忽略。其实它们能够"坚固"，能够"神圣"恰恰是因为其与历史中千百年之"常"紧密联系，而习以为常会让人淡忘"坚固"自何而来，世间常事则让"神圣"一般未落笔纸端。但正因为有前述的紧密联系，被淡忘的、未落笔纸端的"坚固"与"神圣"就更应该被揭示，以展露历史中那些"无言"却极其重要的部分。

## 二

"知常"之后，"察变"也要有不一样的思路，简单说有两

---

1　马克思、恩格斯:《共产党宣言》,《马克思恩格斯选集》第 1 卷，人民出版社，2012，第 403 页。

个大问题需要注意，第一个是变化类型的分析，第二个是变化层次的把握。先谈第一个问题。

历史变化的类型从来不是单一的。胡适把历史变化分为三种类型：第一种变化属于"一时的错误，无意的碰巧"；第二种变化是起初惊人，但其实际影响未如开始估计的那般剧烈和深远；第三种变化是开始已经引人注目，其影响至今仍被低估。[1]

胡适所言是相当重要的提示。就第一种变化来说，其道出了历史学中"察变"的软因果性和由软因果性构成的魅力。历史发展由"合力"推动，依据唯物史观，"合力"有其发生准则，"合力"也取决于历史的发展趋向，历史学的规律性是一定的发生准则和一定历史发展趋向结合的产物，因此基本上不是那种你推我一下，我倒下了的硬因果性，而是风吹起，蒲公英向同一个方向飞，但在飞的过程形态不一的软因果性。这种软因果性和人之行动密切联系。人会犯错、事有凑巧，因此在历史前进的过程中有大人物的折戟沉沙；有小人物的无意破局；有人群的集体躁郁；亦有人心的千变万化。这些都构成历史学解说和解释的魅力所在。人生因错误和碰巧有无奈和失落，但也带来希望和精彩，历史也正是如此。

第二种变化则让人思考中国近代史中的大事件与变化之关系。目前讲中国近代史大致以第一次鸦片战争、第二次鸦片战争、太平天国运动、洋务运动、中法战争、中日甲午战争、八国联军侵华、辛亥革命、五四运动等大事件为历史节点和历史主干。这当然是一个经过多年锤炼、颇为成熟的基本框架。但

---

1　曹伯言整理《胡适日记全编》第 4 册，安徽教育出版社，2001，第 495~496 页。

这些大事件究竟带来哪些变化？其带来的变化是怎样的变化？仍然需要更有分寸和抓住前后联系的解说。如第一次鸦片战争带来的变化就不宜说得过满，因为在时人特别是北方人士看来，此战不过是"岛夷骚动海疆"。辛亥革命也不应讲得过头。此次革命一方面终结了中国的帝制时代，这是无论如何强调都不过分的大变化，但另一方面，此次革命带来的变革尤其是社会变革既不宜估计过深，也不宜判断过早。傅斯年即指出："政治的状态转变了以后，社会的状态，不能随着这政治的新局面同时转，必须过上一世或若干世，然后政治新局面之效用显出来。"[1]

举例而言，目前讲辛亥革命之"移风易俗"，好引用上海《时报》上的一条材料，其中说革命后"新礼服兴，翎顶补服灭；剪发兴，辫子灭，阳历兴，阴历灭；鞠躬礼兴，拜跪礼灭"。[2]这种以"兴灭"为标识的绝对化表述就需要警惕。1914年8月，留美中的胡适在家信中询问："吾邑自共和成立后，邑人皆已剪去辫发否？有改易服制者否？"[3]家中亲戚的回复是：当地城区剪发者甚多，但山区"剪发者只有半数"，服饰则更"类多仍前清之旧"。其他风俗习惯就更难改变，如科举时代之报条、报单在学生毕业时仍沿用。[4]从胡适家乡的情况可以看出，革命过去两三年，变化确实在渐渐发生，但要发生期待中的完全、彻底的变化则有待时日。

1 《傅斯年全集》第 2 卷，中华书局，2017，第 99 页。

2 吴冰心：《新陈代谢》，《时报》1912 年 3 月 5 日，第 6 版。

3 《致母亲》（1914 年 8 月 9 日），季羡林主编《胡适全集》第 23 卷，安徽教育出版社，2003，第 65 页。

4 耿云志：《胡适年谱》，四川人民出版社，1989，第 36、37 页。

第三种变化类型需要与第二种放在一起思考，典型案例是甲午战争。1894~1895 年一役不仅有一个中日甲午战争的输赢结果，还有一个人心丕变的中长程结果，这个中长程的人心丕变，按照著名思想史家张灏的说法是一个从 1895~1925 年的 30 年大"转型时代"，其间跨越了帝制与共和；更有一个长达 50 年乃至百余年的另一个战争结果，即中华民族因甲午战败而走向觉醒之路，又进入复兴之途，而日本因一时胜利而陷入不断以战争来扩张兴国的迷梦，遂陷入以 1945 年惨败为标志的国家沉沦之深渊。这三种"结果"应放在一起考察方能体味这场战争对于中国命运、东亚态势和世界格局的大影响和长作用，而这方面依然有很多文章可以继续做。

在分析了变化的各种类型后，对近代中国之"变"的层次把握也有不少需注意之处。首先大概要注意近代中国之变的地域之差。所谓"中国"一方面是一个政治的、文化的、认同的整体，但另一方面亦是由一个个差异极大的地域所组成。这话虽然简单，却是探寻历史中国奥秘的一个中心点。1922 年，梁启超指出："古代社会交通甚笨，结合甚松，一个地方的腐败黑暗，不容易影响到别个地方"，即使到了当下（指 1922 年前后），"湖南、湖北、陕西等地，鬼哭神号，北京、南京还是弦歌不辍，上海、天津一样的金迷纸醉"，因此"拿某处所采几首诗，代表了完全社会现象，怕有些不妥吧！"[1]

这是一个重要的提醒，近代中国之变不是沿海地区发生了什么变化，随后广袤内地就跟着发生了什么变化。中国各地

---

1 《评胡适之〈中国哲学史大纲〉》，汤志钧、汤仁泽编《梁启超全集》第 15 集，中国人民大学出版社，2018，第 338 页。

变化的不同步调，各地变化的不同发生机制，以及种种变化与各地地方特性的联系都需要仔细考索，没有简单的、普遍性的答案。

其次要注意到近代中国之变的群类之分。人的群类之分无处不在，而一群类的活动往往构成整体世界中一个自有其运行机制和独特风貌的"亚世界"。以五四运动为例。受巴黎和会消息刺激最深的是读书人群类，尤其是在北京、上海等大城市读书的年轻学生。因为这一群类的特点是报刊消息获取便利，对世界大势略有了解，同时血气方刚、热情洋溢、易鼓动且易结合。次深的则是工商业者群类。日本企业借第一次世界大战正酣，欧美企业无暇大举入华之机会深入中国市场，与中国工商业者形成直接竞争之势。当战争结束，欧美企业尤其是美资企业重新大举入华，中日美三者形成错综复杂之多角互动竞争关系。五四爱国运动的一大标志就是"反日"，这一群类中人遂深深卷入其中。在五四运动中，其他的群类当然亦会与其有或多或少的联系，但这些联系既不能与年轻学生与运动的关系等量齐观，亦不可与工商业者与运动的关系同日而语。不同群类的不同历史变化值得在教学中再三注意。

最后则要注意到近代中国之变的理想与现实。前文已提及在中国近代通史的认知中"变"占据近乎笼罩性的地位，因此会引发研究者和教学者的特别关注，在造成相当洞见的同时亦造成各种各样的盲区。而一大盲区就是不注意区分留存史料中关于变化的描绘究竟是属于作者的理想，还是在当时曾真正发生。理想与现实的错位源自"变"从来不直接就等于"好"，但在进化史观影响下，"变"常默默地转化为"好"。由此不少近代人物笔下或口中的"变化"经常不是在呈现事实，而是在述说理想。其心中多有一来自欧美的模板，如英、美、法的革命，文艺复兴，大宪章运动等，然后依据这种种模板来寻找中国的英、美、法革命，中国的文艺复兴和中国的大宪章运动。很多时候是求之而不得，有些时候是毫毛相似，则颠倒臆解以比附之。在看似述说"事实"，其实是述说"理想"的史料中，因"比附"而看出的变化会特别凸显，好像它们成了时代转化的枢纽，其实未必是这样或根本不是这样。与颠倒臆解相伴随的是以上人物对中国传统往往一知半解甚至刻意贬低，以致中国近代历史的"常"与"变"以一种双向滑脱的方式而离其本相越来越远。

中国近代史的"知常"无疑有助于察变，若能渐渐明确近代中国之常形与变态，则其多歧的、非直线性的那些变化就能有更多呈现，其曲折隐晦，却相当深邃的那些促动性因素就能有更多揭示，[1]进而研究与教学之"通"也就有了较大的可能性。

---

1 参看罗志田《知常以观变：从基本处反思民国史研究》,《南京大学学报》2013 年第 1 期。

# 节点问题新探

# 第五讲 谈 1911 年"延长线"上的
## 辛亥革命

　　章开沅先生曾言辛亥革命并非起始于辛亥这一年，有它的"前因"；也并非结束于辛亥这一年，有它的"后果"。[1] 由此洞见出发，大概在 1911 年之前十年，之后数十年的"延长线"上思考辛亥革命是可能的，且需要继续深化。在辛亥革命延长线上的思考或要特别注意：其作为历史人物"生命切实组成部分"的影响；如何让"区域"成为问题以更深入地理解辛亥革命；如何从南北与东西的长程历史来定位辛亥革命。这一讲我们就从这三个方向做一个初步讨论。

<hr />

1　章开沅：《辛亥百年反思：百年锐于千载》，《华中师范大学学报》2011年第 1 期。

## 一  作为"生命切实组成部分"的辛亥革命

从 1911 年至 1949 年，20 世纪前半期的三场革命——辛亥革命、国民革命、新民主主义革命，前后相距不过 38 年。若一人在 1911 年 18 岁，到 1949 年也不过 56 岁，此人却经历了三次政权更迭和穿插其中的众多席卷全国乃至世界的大事件。基于此，三场革命或可分而治之，亦亟须合而观之。

"合而观之"不是简单地将三场革命中的一些相似"要素"合并同类项，也不意味着"分而治之"越精细，"合而观之"就一定越容易。我之所以强调三场革命的变化发生之"速"和实际进程之"短"，就是希望注意辛亥革命虽为三场革命中的首次，但因为其实际进程之"短"，这次革命就是众多走过这 38 年历史的人物生命切实的组成部分，其深刻地影响着辛亥革命之后一个个具体的人的变化和与之相关联的时势的变化。

1942 年毛泽东曾言："研究党史，只从一九二一年起还不能完全说明问题"，"从辛亥革命说起差不多，从五四运动说起可能更好"。毛泽东的话一方面谈的是党史研究的科学性问题即"要有前面这部分的材料说明共产党的前身"，党史才能说得完整、通透。[1] 另一方面何以要从辛亥革命"说起"，正是因为毛泽东在辛亥时参过军，真正干过革命。1915 年杨昌济在日记中谈及对毛泽东的印象时就特别说："民国反正时又曾当兵半年，

---

1 《如何研究中共党史》（1942 年 3 月 30 日），《毛泽东文集》第 2 卷，人民出版社，1993，第 402 页。

亦有趣味之履历也。"[1]

　　真正干过革命的人大概和只听闻过革命的人在不少地方不一样。可与毛泽东与辛亥革命之联结做比较的是孙中山与太平天国运动的关系。1912年《中国革命记》一书说："孙于务农之暇，入塾读书，其教师皆为洪杨党派中人，每从容演述洪杨之历史，学童咸化之……散学往往不乐归家，而乐与孙游，称为洪秀全第二。"[2]之后吴稚晖更是将孙中山早年之事进一步发挥为他听闻洪杨之故事后"发生革命思想""潜抱革命大志"。

　　但不管吴稚晖等国民党元老如何发挥，自1912年起，史料中谈孙中山与太平天国运动关系时，作者所常用的动词就是"演述"和"听闻"。为何是这些动词？是因为即使从1864年太平天国运动失败算起，到孙中山入塾读书相隔已大致10年，离他真正"干"革命则已相隔了近30年，太平天国运动虽然对孙中山干革命有大的影响，但并不是他的生命切实组成部分。

　　对此，章开沅先生曾言"我们不是辛亥的当事人，没有任何亲身的经历与见闻"。此言意在鼓励后学，启发我们虽然未曾亲历与亲闻，但随着时间距离拉长，我们看辛亥革命，"可能对当年若干重大问题观察得更为客观、全面、深切"；但另一方面，章先生亦强调要真正做到客观、全面、深切的观察，其努力方向在"形成长时段与多维度的整体考察"。[3]这样的"整体考察"又需要研究者特别地去感受和理解辛亥当事人"亲身的经历与见闻"，显然这并不容易。

1　杨昌济：《达化斋日记》，1915年4月5日条，湖南人民出版社，1978，第163页。

2　《孙文》，载《中国革命记》第1册，新自由社，1912，"传记"页。

3　章开沅：《辛亥百年反思：百年锐于千载》，《华中师范大学学报》2011年第1期。

陈寅恪曾强调"古代哲学家去今数千年，其时代之真相，极难推知。吾人今日可依据之材料，仅为当时所遗存最小之一部"。[1]所谓"遗存最小之一部"一方面当然是指古代留存的史料相较近代留存的史料"少得多"，所以研究者需要在史书、序跋、书信、言论的记载中去窥见"广大的文本世界"的凤毛麟角。[2]但另一方面它也提示即使近代史料的留存为"海量"，但相比"时代之真相"却仍然不足。钱穆就指出：史料中不仅有"抽象方面"的思想，更有围绕史料的"具体方面"与"实际人生"。辛亥当事人亲身的经历与见闻就是构成"具体方面"与"实际人生"的重要内容。革命时代之"真相"亟须从中去提取和认识。

不过钱穆对此特别提醒道，越是这样的内容，越是"毁弃更易，追究无从"。[3]因此研究者在1911年的延长线上思考辛亥革命，就尤需留意辛亥革命的"具体方面"和围绕辛亥革命的"实际人生"，其中特别需要留意干革命、闻革命和想革命之间的联系和差别。

在有些人物那里，以上三个变量同时互动、发生影响，如胡适与顾颉刚。学界常以师生两代人为起点考察胡适与顾

1 《冯友兰中国哲学史上册审查报告》，《陈寅恪文集之三：金明馆丛稿二编》，上海古籍出版社，1980，第247页。
2 田晓菲：《诸子的黄昏：中国中古时代的子书》，《中国文化》2008年春季刊。
3 钱穆：《八十忆双亲·师友杂忆》，生活·读书·新知三联书店，2005，第135~136页。左舜生对章太炎的回忆和钱树棠对钱穆的回忆是钱穆之洞见的两个好注脚。左舜生说："先生虽为一纯粹之学者，然喜谈政治，其于当代诸贤之身世及其与革命之关系，往往能详其始末，其褒贬亦颇异时流，惜余当时未存笔记，否则可供治现代史者之参考资料当不少也。"左舜生：《春风燕子楼：左舜生文史札记》，学林出版社，1997，第273页。钱树棠则记录钱穆之言云："辛亥革命时期，曾拟在棉衣内缝入银元当甲胄，参加攻宁之役。"韩复智编《钱穆先生学术年谱》第1卷，中央编译出版社，2012，第21页。

颉刚的关系，而一定程度上忽视胡适生于 1891 年 12 月，顾颉刚生于 1893 年 5 月，二人的实际年龄差距连一岁半都未到。更重要的是，就"实际人生"来说，这两人基本有相对完整但又有一些差异的"辛亥人生"，值得更多以"同时性"的目光来做关注。

　　胡适对辛亥革命的参与是在上海，所谓"中国公学原是革命活动的中心，我在那里的旧同学参加此等密谋的实繁有徒，丧失生命的为数也不少。这班政治犯有好些来到上海与我住在一起"。[1]与上海革党的交集让胡适从少年时代就培养出了相当的"革命性"，只不过日后因其位置和性格而不太表现于激烈行动中而已；同时也让他和陈独秀等"老革命党"颇有共同语言，有一种精神相投的持久默契。不过胡适 1910 年即留美，与之后的革命就缺了一段"交集"，相对更完整的是顾颉刚。

　　顾颉刚在 1911 年 10 月前接触过几位革命党，也读过宣扬种族革命的《复报》《国粹学报》《民呼日报》。梁启超主笔的《新民丛报》等更是胡适、顾颉刚那代人的共同读物。[2]但 1911 年 10 月后，顾氏的人生经历让他和胡适有了些区别。从此时至 1913 年顾氏赴北京读书，他密集参与的是中国社会党的活动，据顾氏回忆：

————————

1　欧阳哲生编《胡适文集》1，北京大学出版社，1998，第 13 页。

2　如顾颉刚就回忆说自己所受的教育，以十一二岁时的为最深入。当时最受感动的是读《新民丛报》所载的《十五小豪杰》，他所以敢特立独行，是受此书之赐。《顾颉刚致罗家伦》（1934 年 2 月 26 日），《顾颉刚书信集》第 1 卷，中华书局，2011，第 259 页。

光复后，有人在上海设立社会党，苏州也有支部。我们这一辈人在这时候太敢作奢侈的希望了，恨不能把整个的世界在最短时间之内彻底的重新造过，种族革命之后既连着政治革命，政治革命之后当然要连着社会革命，从此可以直到无政府无家庭无金钱的境界了。所以我入党之后，剧烈的宣传社会主义，一天到晚做宣传的工作，虽是引起了家庭的责斥，朋友的非笑，全都不管。我只觉得世界大同的日子是近了，反对我的人实在是糊涂。[1]

正因顾颉刚有深入参与且超前思考的辛亥人生，日后他才会不时展露出熟悉"社会主义"的痕迹。如1919年4月说到中国革命和世界革命的前景时，顾氏言"我也明知世界大势不容得不发生极端主义，实行的时候又待不到大家自觉之后"，但他希望等民众"晓得有世界了，晓得有自己了"，然后"再拿极端主义灌输进去"。[2]

这样的思路正源自顾氏亲历革命、加入中国社会党的经历。他对中国、世界进入更高级"社会"始终有终极性的憧憬和向往，并对革命爆发的"不得已"有切身体会。

但另一方面，从前引顾氏的话亦能看出正因他有革命的亲身经历，顾氏对大烈度的、颠覆性的革命行动会有自己的反思，进而有自己的保留。他到北京读书后，就开始将在中国社会党的经历视为"挫折"，认同张东荪所言的"社会主义的问

---

1　颉刚：《十四年前的印象》，《京报副刊》第294号，1925年10月10日（此据第293号日期推断），第5版。

2　《顾颉刚致叶圣陶》（1919年4月20~21日），《顾颉刚书信集》第1卷，第58页。

题不在理由，而在实施"，并援引前清颁发预备立宪上谕，众人笑"预备"两字不通之旧事，认为"如今看来，'预备'真是必要的手续啊！"[1]

同时在推进社会变化的基本理据上顾颉刚开始赞同王伯祥所言"所谓改进，必就现境出发，决非摆脱现境，另求一界，以再谋良善也"，认为"以前种种，必有足供改进之参考之助力者在。若一切吐弃，然后创新，是犹返玉辂于椎轮，然后谋车；毁宫室以安穴居，然后求大建筑也"。[2]

对比胡、顾二人，另一些人因年纪、经历的关系虽然多闻辛亥革命，亦常思考革命该如何去做，但若未亲身经历过辛亥革命，思考和行动的模板毕竟有所不同。[3] 革命历史记忆的相对缺乏，对革命实际气氛和革命直接冲击的隔膜让另一些人可能无论"想革命"或"干革命"经常走向另外的方向。如他们常认为"辛亥革命是失败的"。[4] 而在 1911年后的实际历史进程中，诸多大事件又是由前述的两部分人一起来完成的，其间的参差与错位实值得在研究中再三注意。

---

1　《顾颉刚致叶圣陶》(1919 年 4 月 20~21 日)，《顾颉刚书信集》第 1 卷，第 58~59 页。不过不到两个月，顾氏在谈到可恶的"吴家"时，又直接说"希望过激派起来，土地资产归公"，足见其内心的一种潜意识。《顾颉刚致叶圣陶》(1919 年 6 月 14 日)，《顾颉刚书信集》第 1 卷，第 64 页。

2　《顾颉刚日记》第 1 卷，1919 年 1 月 20 日条，台北，联经出版事业股份有限公司，2007，第 78 页。

3　当然这只是一个大致区分，如仔细分梳，亦有周作人这样的"半亲身经历"辛亥革命之人。他在回忆录中即承认"辛亥秋天，我回到绍兴，一直躲在家里，虽是遇着革命这样大件事，也没有出去看过，所以记录的大抵只是一些得知传闻的事情"。周作人：《知堂回想录》，香港，三育图书有限公司，1980，第 252 页。

4　《如何研究中共党史》(1942 年 3 月 30 日)，《毛泽东文集》第 2 卷，第 403 页。

## 二　在"区域"中理解辛亥革命

　　以中国之大，就研究的方法论来说，一般要警惕那种囫囵的、"放之全国而皆准"的辛亥革命论述。由此讨论在"区域"中的辛亥革命就有其必要。"必要"不仅体现在揭示各区域内辛亥革命具体进程的不同，更重要的是，让"区域"成为一种思考方式和研究视野，以能更深入地理解贯穿 20 世纪前半期两场乃至三场革命的那些关键问题。以笔者较为熟悉的江南为例，就有两个贯穿性问题值得关注。

　　第一个问题是如何理解植根于区域的、在辛亥革命前后延长线上的那些结构性因素。首先是政治格局，江南地区在清末新政时期即是所谓办地方自治的全国领先者。而办地方自治的主力——士绅，其权力之扩张则要追溯到太平天国运动之时。大致自 1906 年起，这一区域的地方政治格局大致由知县（1912年后为县知事），县政府（幕友、胥吏），各法团（教育会、商会、农会等），各市乡公所，各绅董，地保、甲主来组成。其中尤需注意各法团的运作，域外学者常爱将其视为"市民社会"，并希望进一步由此推导出所谓中国的"公共领域"。其实这些法团就是当时当地政治结构的基本组成部分，虽然他们彼此之间经常存在矛盾和冲突，但无论是在他们自己眼中，还是民众眼中，其就是"政权"的一部分。出身绍兴的周作人给波兰作家亨利克·显克维支小说《炭画》作序时已说，清末开始的地方自治，其实际情形很多时候是"一村大势，操之凶顽"。[1] 1930 年，日人长野朗更是明白指出辛亥革命后"地方政治底实

---

1　周作人：《知堂回想录》，第 250 页。

权，是操于商会底手中"。[1] 正因如此，1931 年常州出身的瞿秋白才会说：

> 中国每一个县里，每一个大小码头，那里不是商会就等于当地的绅董会议吗？所谓"地方上的舆论"，是他们的舆论；所谓"地方上的事业"，是他们的事业……军阀打仗的时候，有所谓"保全地方"的口号，也就是保全他们的身家生命的意思……绅商的"商"字，不能够死板的去了解他的……真正做生意的小买卖人，却不在这个"商"字里面。[2]

瞿秋白形容的大致是国民大革命前的情形。国民大革命后，至少在江南地区，由绅董来主导地方的政治格局没有太多改变，其主导权反而可能借助政局变动有更加强的趋势。1932年薛暮桥在无锡礼社镇调查时就发现当地一切实权均归绅董掌握。而且相较北洋时期，此时凭借党、政、团防，甚至民众组织，其对于农民之统治"又加数重保障"，"所谓地方自治之大概情形"就可从此窥见一斑。[3]

这样的政治格局能够形成与江南的社会经济结构直接相关。在此区域内不少地主是"放高利贷者及商人"，他们掌握的田权"除由于封建关系底持续外，还显然地可以看到商业

---

1 〔日〕长野朗：《中国社会组织》，朱家清译，上海光明书局，1930，第144页。

2 《学阀万岁！》，《瞿秋白文集·文学编》第3卷，人民文学出版社，1989，第181页。

3 薛暮桥：《江南农村衰落的一个索引》，陈翰笙、薛暮桥、冯和法编《解放前的中国农村》第3辑，中国展望出版社，1989，第160~161页。

资本及高利贷资本作为集中时的杠杠的痕迹"。[1] 此特点意味着要打破江南绅董（其本身或其背后经常是商人、放高利贷者）主导的地方政治格局除了是一个打破旧有封建关系的进程，更是一个调整中国资本主义发展方向的进程。而辛亥革命、国民大革命在此区域内均是在相当程度上释放中国资本主义的发展，同时在一定程度上打破，又未能充分打破旧有封建关系。在这个意义上，三次革命在此区域自然是延续的，而且在调整资本主义发展方向上有不限于这三次革命的更为深远的延续性。

其次是技术演进，技术演进推动着中国自辛亥革命起历次革命的发展。1895 年后江南区域内技术演进显著，其对革命发展之影响也甚大，深刻表现在人们对革命的认知层面和感觉结构层面。以铁路等标志性技术演进为例，辛亥革命时沪杭铁路已通车，因此在嘉兴的茅盾就借"住在沪杭铁路的中段"的便宜，时常到车站购买旅客手里携带的"上海报"，了解革命形势进展。[2] 与之对照，此时在宁波，因沪杭甬铁路尚未贯通，所以当地读书人视辗转而来，为数不多的上海报为枕中秘宝，关于革命形势进展准确信息多无，而小道消息则无孔不入。[3]

技术演进影响着人们的革命认知，也改变着人们对革命的感觉结构。在沪宁铁路通车前，快船、小火轮等未投入运营

1 汪浩、廖逢春、谢敏等：《江苏省农村调查》，陈翰笙、薛暮桥、冯和法编《解放前的中国农村》第 3 辑，第 179 页。

2 《我的中学生时代及其后》，《茅盾全集》第 11 卷，黄山书社，2014，第 92 页。

3 《海关十年报告（宁波，1902—1911 年）》，陈梅龙、景消波译编《近代浙江对外贸易及社会变迁——宁波、温州、杭州海关贸易报告译编》，宁波出版社，2003，第 98 页。

时，无锡等地的乡村"开明地主"每年仅入城一次。农民更墨守乡土，"终生未尝一睹都市文明者十之八九"。等到火车、快船、火轮、邮递等重要技术演进发生后，则变成了"往来城乡间者日达五六十人"，"每日信件常以百计"。[1]

这些技术演进深刻影响着人们对革命的感觉结构。比如邮政贯通后，邮船和邮递人员对江南小镇上的读书人来说不仅仅是简单的信件投寄和物品传递，而是"世界"对他们的徐徐展开和"世界"展开后自身某种信仰的慢慢建立，所谓：

> 从他们那里，天天有个消息传来，更使我的信仰坚强而永恒。于是我自知我的心和世界的心团结在一起，而且刻刻在那里起交流的作用，我的生命真实而有意义呀！[2]

技术演进除了带来感觉结构的联结以推动革命，它亦可带来感觉结构的疏离以推动革命。有调查者即注意到民国初年在江南村镇"地主与农民之间尚有残留之温情关系"。地主家有婚丧大事，附近农民都来服役，视同天职，"事毕给酬，必辞必谢，一若恩赏"。但技术演进带来的人身流动加强、讯息获取迅捷和观念的急剧变化让地主与农民之关系渐渐由亲而疏，在1927 年大革命后或更趋紧张，农民过去"依附地主之封建思想扫荡殆尽"。[3]

---

1　薛暮桥：《江南农村衰落的一个索引》，陈翰笙、薛暮桥、冯和法编《解放前的中国农村》第 3 辑，第 158、162 页。

2　《绿衣》，叶至善、叶至美、叶至诚编《叶圣陶集》第 1 卷，江苏教育出版社，1987，第 171 页。

3　薛暮桥：《江南农村衰落的一个索引》，陈翰笙、薛暮桥、冯和法编《解放前的中国农村》第 3 辑，第 167 页。

不过对技术演进推动革命的速度不宜估计过快，程度也不宜估计过高，要意识到其是一个相当长的延展过程，也是一个慢慢进入的渗透过程。且不说茫茫内地，即使在江南地区，到1930年代茅盾观察到虽然在内河范围小火轮已广泛使用，但整体上河运的变化其实甚缓："船，已经不是十年前那条船，但船中的布置，形形色色的旅客，挤来挤去的小贩，都和十年前没有什么两样。只多了一两位剪发时装的女郎算是一九三二年的记号。"进而茅盾发现此时一般人理解政治变动不少仍是在"真命天子""治乱循环"的框架内，要让他们有基于现代国家的理解，仍有待时日。[1]

第二个问题是如何分析辛亥革命前后延长线上那些绵延性的社会力量。以江南的太湖"湖匪"为例。钱穆在回忆录《师友杂忆》里曾记载清末他在常州府中学堂念书时，有同学杨权邀他在教室密谈，谈话的大致内容为：

> 彼详言太湖形势，沿苏州无锡宜兴一带港汊分歧，陆上多山岩洞穴，可躲藏。湖中渔民多举家住大艇中，终年不登岸，即在其艇设家塾教其子女，此辈宜可晓谕以民族大义。我辈果有志革命事业，太湖应可为一理想根据地。[2]

其实杨权口中的太湖"湖匪"何止活跃于辛亥革命，成分又何止于"渔民"。自太平天国运动起，他们已以"枪匪"名

---

1 《故乡杂记》，《茅盾全集》第 11 卷，第 102、104~105 页。
2 钱穆：《八十忆双亲·师友杂忆》，第 72 页。

义在太湖荡内梭巡往还，四处游掠。之后"湖匪"中又陆续增加了裁撤的湘、淮军，失业农民，手工业者，水手等力量。辛亥革命后太湖"湖匪"极其活跃。国民政府建立后，"湖匪"踪迹依然不绝，可以说民国一代，太湖地区"无地不有匪踪，无时不有匪患"。[1]

不过既有研究虽然在题目中划定了自己的"区域"范围，但其思考的基本框架大多仍落在土匪史和匪患治理史上。而在关于绵延性社会力量的"区域"思考中，研究者或许首先要区分实际的"湖匪"与思想中的"湖匪"。江南学生杨权虽大谈如何利用"湖匪"来推进革命，但他和各路"湖匪"有无实际接触可以打一个大大的问号。在江南学生的脑海里，他们在寻找革命可以依靠的力量时，一般不会想到哥老会，而会想到太湖"湖匪"，这即是他们思考革命的"区域"限制，也是他们思考革命的"区域"特征，进而言之，杨权等希望化"湖匪"为革命力量的基本思路是"晓谕此辈以民族大义"。这又是辛亥革命的基本限制与基本特征。

十余年后"湖匪"在革命者的脑海里被赋予了一个新的范畴叫"游民无产者"。在毛泽东的分析里他们是"人类生活中最不安定者"，"处置这一批人，是中国的困难的问题之一"。他们"很能勇敢奋斗，但有破坏性"，"如引导得法，可以变成一种革命力量"。[2]毛泽东作为辛亥革命的过来人，显然延续着杨权等当年期望"湖匪"亦能革命的思路，但如何能让此辈走向革命，引导之法却不再是"晓谕民族大义"，而是如何唤起其

---

1　此段内容概括自刘平《清末民初的太湖匪民》，《近代史研究》1992年第1期；胡勇军《1927—1937年吴县湖匪活动及时空分布研究》，《中国历史地理论丛》2014年第4辑。

2　《中国社会各阶级的分析》，《毛泽东选集》第1卷，人民出版社，1991，第8、9页。

"阶级意识"了。[1]

在区分实际的"湖匪"与思想中的"湖匪"后，关于绵延性社会力量的"区域"思考又需要将二者结合。杨权等虽然未必与"湖匪"有面对面的实际接触，但其思考中的"湖匪"却是形成于无所不在的各种社会实际。其来自江南发达的报刊舆论，来自新学的课堂传授，来自与同学、教师的私下聚谈，更可能来自江南各处的街谈巷议。这既是一段从1850年代开始的"湖匪"舆论史，又是由"湖匪"舆论史出发，大致以1903年为起点形成的"湖匪"革命史与"湖匪"反革命史。

## 三　南北和东西长程历史中的辛亥革命

辛亥革命有一基本特点，即它"不是以中央为基础，而是以地方为基础；不是集中的革命，而是联合的革命"。[2]这个特点决定了考察1911年延长线上的辛亥革命需要一方面认识到大中国诸区域空间的分野，另一方面注意到大中国诸区域空间的联动。分野和联动首先表现于南北长程历史中。

在南北的意义上，辛亥革命大致是一场"南方革命"，这个"南方"不仅是地理意义上的，更是依托地理意义的"南

---

1　如毛泽东在《湖南农民运动考察报告》中即说："事实上，贫农领袖中，从前虽有些确是有缺点的，但是现在多数都变好了……只有百分之十五，尚有些不良习惯。这只能叫做'少数不良分子'，决不能跟着土豪劣绅的口白，笼统地骂'痞子'。要解决这'少数不良分子'的问题，也只能在农会整顿纪律的口号之下，对群众做宣传，对他们本人进行训练。"《湖南农民运动考察报告》（1927年3月），《毛泽东选集》第1卷，第21～22页。

2　查晓英编《中国近代思想家文库·常乃惠卷》，中国人民大学出版社，2014，第107页。

方"形成的一个研究视角。研究者需要充分把握数百年南北差异和南北交流的状况，进而以南北长程之历史定位辛亥革命。

若以"改朝换代"意愿之强弱作为革命意识强弱的一个标准，在有清一代的历史进程中，中国南方各地相较北方显然具有更为充盈的"革命"意识。这些革命意识由三种历史记忆推动激发而成：一是清廷征服全国时在南方留下的战争血污记忆；二是天地会、太平天国等会党持续做反清之激烈行动的记忆；三则是自第一次鸦片战争起，从广东渐渐蔓延至南方各地的清廷屡弱、无力御侮的记忆。加上自元代起，北方京城与南方各地距离遥远，北方之政治中心本就无足够力量完全笼罩南方，特别是两广地区。于是辛亥革命勃兴于南方，并在南方各地演化出广州、上海、杭州、武汉、长沙等革命中心就是一件可在清代乃至更远的"前史"中理解之事。

而辛亥革命后，革命洪流继续在南方滚滚奔涌，其关键不完全在南方各革命中心的读书人是否更为先进（时人所言的南方代表"新"，北方代表"旧"，可视之为一种舆论，但不可视之为一种真相），因为北方各大城市尤其是北京同样不缺少先进读书人。而是在南北读书人在先进程度大致相同的前提下，他们的革命思想、革命言论和革命行动有无"周边"可以累积和拓展。这形成了典型的辛亥延长线上的南北差异。

如上海的先进读书人在这四五十年间有江南地区持续作为周边来累积和拓展他们的革命思想、言论和行动。广州的先进读书人亦在相当时间内有"国民党的根荫"——"海外华侨散在的地方"与作为"中国南边华侨母国"的广东一省来做累积和拓展。[1] 但在 1912 年后，北京累积和拓展革命思想、言论和行动的"周边"在哪里，似仍有待深入考察。

南北差异体现在京沪、京粤地域特性的不同之上，南北交流则体现在南方读书人之北移特别是他们入北京之后的生命经历与思想变化之上。诸多前文述及或未述及的南方辛亥革命的"亲身经历者"如蔡元培、陈独秀、顾颉刚、罗家伦、鲁迅、周作人等在 1912 年后纷纷入京，进而留驻较长时间。这批南方人物在北京城里普遍较长但又有因人而异之短长的"切身经历"既影响着他们对辛亥革命的解说，又影响着他们如何去理解、参与接下来的革命。1912 年到京的鲁迅就在日常生活中持续受到教育部旧习气的逼勒。如自 1915 年起到 1921 年，鲁迅几乎年年要在春秋祀孔仪式中担任执事官或执事员。他亦目睹和亲身感受以北京为中心点的洪宪称帝、张勋复辟等大事件，遂有了从"抄碑买书"到开始写《狂人日记》的转变。[2] 而 1917 年刚刚到京的周作人也同样立即受到了张勋复辟事的大冲击：

> 当初在绍兴的时候，也曾遇见不少大事件，如辛亥革命、洪宪帝制等，但因处在偏隅，"天高皇帝远"，对于政治事情关心不够，所以似乎影响不很大，过后也就没有什么了。但是在北京情形就很不同，无论大小事情，都是在眼前演出，看得较近较真，影响也就要深远得多，所以复辟一案虽然时间不长，实际的害处也不及帝制大，可是给

---

1 《普遍全国的国民党》，《向导》第 21 期，1923 年 4 月 18 日。
2 《鲁迅在教育部的主要活动及有关史料》，薛绥之主编，韩立群副主编《鲁迅生平史料汇编》第三辑，天津人民出版社，1983，第 136~147、188~192 页。

人的刺激却大得多。[1]

看得较近、较真对南方读书人除了意味着"大得多"的刺激，也意味着他们获得了加深理解革命和重新理解革命的契机。1916年底到京的陈独秀在目睹张勋复辟后就直接说："本志主旨，固不在批评时政。青年修养，亦不在讨论政治。然有关国命存亡之大政，安忍默不一言。"[2]与陈独秀类似的意见在辛亥革命发生近6年后形成了南北交互，进而南北汇合之风势。1917年8月毛泽东就先说康有为"徒为华言炫听，并无一干竖立"，然后又说梁启超"误尽天下"。[3]从毛泽东的话可以看出南北方已共同持续十余年的"康梁崇拜"正在退潮，又说明具有各种表面形态，但核心仍指向于"政治"的革命大潮正在形成。从南至北，又由北及南，革命已形成了多线往复之势。

在南北长程历史之外，研究者亦需从东西长程历史出发来思考辛亥革命。1912年《东方杂志》上一篇译文敏锐地指出辛亥革命发生的地点"殆限于（中国）极东之一部"，六分之五的中国人"与革命无关，且与其他之改革事业无关"。[4]由此或可形容辛亥革命是中国"六分之一地方"的革命。此说的提示在：若是循着时间的推进顺流观之，辛亥革命终结绵延近两千年之皇权，可评价为极彻底。但在中国东西部呼应、弥合和改

---

1　周作人：《知堂回想录》，第323页。

2　《通信》，《新青年》第3卷第5号，1917年7月1日。

3　《致黎锦熙信》（1917年8月23日），中共中央文献研究室、中共湖南省委《毛泽东早期文稿》编辑组编《毛泽东早期文稿：1912.6~1920.11》，湖南出版社，1990，第85、87页。

4　斯密斯：《论中国革新之现状》，钱智修译，《东方杂志》第9卷第6号，1912年12月2日，第2页。

造的视野里，其对于中国现代化历史进程的影响，或又可评价为极不彻底。[1]

"极不彻底"的历史评断需要在辛亥革命发动者、参与者和继起者的长程"阶级分析"中得到证明。1925 年冬毛泽东就这样写道：

> 兴中会的组织，完全是收集游民无产阶级的会党……同盟会的成分，乃无产阶级（会党）、半无产阶级（侨工）、小资产阶级（一部分内地学生）、中产阶级（留学生及一部分内地学生）……辛亥革命初成，同盟会中代表小地主的一派即不赞成孙先生平均地权、节制资本见之于实行，结果解散革命的同盟会，改组不敢革命的"国民党"……小地主阶级在国民党中成了绝对多数的支配者。虽然此时与代表大地主阶级的进步党（进步党为清末谘议局化身，谘议局乃各省大地主机关，与现今各省省议会之为大地主机关完全一样）还是立于对抗地位，但革命性几乎没有了……[2]

在以上引文最后的省略号里毛泽东谈到了中华革命党的建立；谈到了"欧事研究会"如何与进步党蜕化而成的研究系"相视莫逆"，组成"联省自治派"；谈到了"同志俱乐部"；也

---

1 对此，毛泽东曾言："辛亥革命把皇帝赶跑，这不是胜利了吗？说它失败，是说辛亥革命只把一个皇帝赶跑，中国仍旧在帝国主义和封建主义的压迫之下，反帝反封建的革命任务并没有完成。"《青年运动的方向》（1939 年 5 月 4 日），《毛泽东选集》第 2 卷，人民出版社，1991，第 564 页。

2 《国民党右派分离的原因及其对于革命前途的影响》（1925 年冬），《毛泽东文集》第 1 卷，第 26 页。

谈到了"西山会议派"。[1] 这些党派、团体有的推动了辛亥革命，有的则是辛亥革命后政治、经济、社会变迁的产物。他们的共同特点是大多产生于沿海的、口岸的、东部的中国，代表的仅是一小部分中国人。以致1928年前后，常乃惪仍在说"北京的一切发号施令，简直与云南人民的实际生活丝毫不发生影响"。[2] 因此1911年后革命如何能够推进、贯彻到中国另外"六分之五"的地方，尤其是革命如何能够真正地"下乡"就成了一个重大问题。1927年3月毛泽东即说："一切革命同志须知：国民革命需要一个大的农村变动。辛亥革命没有这个变动，所以失败了。"[3]

革命真正"下乡"的实质是革命真正地唤起民众。所谓"五十多年来的革命的经验教训是什么呢？根本就是'唤起民众'这一条道理"。[4] 这条道理揭示不易，践行则更难。1933年瞿秋白即借评论鲁迅直言：辛亥革命能掀起怒潮，不在于一些革命新贵的风起云涌，而在于"农人野老的不明大义"。因为农人野老"固然是给革命新贵白白当了一番苦力，固然有时候只表现了一些阿Q的'白铠白甲'的梦想，然而他们是真的光明斗争的基础"。这基础就在"他们的笨拙的守旧的口号背后隐藏着革命的价值"。[5]

瞿秋白的话表现了中国共产党人依靠唤起工农，特别是依靠唤起农民来弥合中国东西部差异，进而一并改造中国东西部

---

1　《国民党右派分离的原因及其对于革命前途的影响》(1925年冬)，《毛泽东文集》第1卷，第27~30页。

2　查晓英编《中国近代思想家文库·常乃惪卷》，第104页。

3　《湖南农民运动考察报告》(1927年3月)，《毛泽东选集》第1卷，第17页。

4　《青年运动的方向》(1939年5月4日)，《毛泽东选集》第2卷，第565页。

5　《〈鲁迅杂感选集〉序言》，《瞿秋白文集·文学编》第3卷，第102、113页。

世界的大视野。在此大视野下，研究者一方面要注意到鲁迅笔下的阿 Q 固然揭示了"农民小私有者的群众的自私、盲目、迷信、自欺，甚至于驯服的奴隶性"，但这种近于精英俯视的表述也可能同时遮蔽了"农民小私有者"的革命可能性。[1] 在东西长程历史中观察辛亥革命，彼时唤起民众的不成功大概不能简单地解释为中国历来多阿 Q，而恰恰证明阿 Q 们本富有"革命的价值"，但隐而不显，需要在新的革命力量的引领下、需要在历史时间的持续推进中，方能挖掘、体现出其"革命的价值"。

　　基于中国历史和实际的复杂性，新的革命力量的来源是复杂的，但由于唤起民众的极端重要性，其形态又是清晰的。在完成新民主主义革命需要"更多朋友"的前提下，它不是不能在一定程度上包纳辛亥革命前后的"维新主义的老新党""革命主义的英雄""富国强兵的幻想家"，也不是不能在一定程度上包纳五四运动前后的"欧化绅士""洋场市侩""革命军人"，但基本条件是他们要渐渐靠近或实际变为"真正的纯钢"。[2] "真正的纯钢"不能"把路德式的骑士反对派看得高于闵采尔式的平民反对派"，[3] 更要能与工农民众相结合，这是"革命的或不革命的或反革命的知识分子的最后的分界"。[4]

　　所谓历史时间的推进，则指的是阿 Q 这样的民众不能指望其一蹴而就地去参与革命，亦不能指望他们参与了革命之后就

1　《〈鲁迅杂感选集〉序言》，《瞿秋白文集·文学编》第 3 卷，第 113 页。

2　《〈鲁迅杂感选集〉序言》，《瞿秋白文集·文学编》第 3 卷，第 98 页。

3　《马克思致斐·拉萨尔》（1859 年 4 月 19 日），《马克思恩格斯全集》第 29 卷，人民出版社，2016，第 574 页。

4　《五四运动》（1939 年 5 月 1 日），《毛泽东选集》第 2 卷，第 559 页。

不反复，就极纯粹。"农人野老"要真正体现出"革命的价值"需要相当漫长的时间，也需要极高的智慧。此正如胡乔木所言："共产党是要创造人间奇迹，但是另外一种人间奇迹是创造不出来的，不符合客观规律的那种人间奇迹永远也创造不出来。"[1] 20世纪上半叶的革命过程印证了胡乔木的话，不只是辛亥革命的"下乡"不成功，国民大革命后的"下乡"也不成功。[2] 即使是到1949年后，革命的"下乡"依然面对各种艰巨的挑战。

据曾彦修回忆，1952年初他在广东肇庆地区的云浮县做土改工作，虽然曾氏在陕西、河北、山东有近一年半的土改经验，与他同行的干部和云浮县委书记也有在山东、东北的长期土改经验，但他们仍遇到不少棘手问题。首先，了解农村的基本情况就不容易，需要搭"单车"从县城到周边三十来里的村庄。其次，当地贫农家中多有小老婆、丫头；当地群众和华北、冀中的群众相似，常有集体性抢劫行为。这些都是1949前留下的老问题，当地干部"打游击时就知道"。但面对这些问题，当地干部不敢提出解决办法，因为害怕被批评为右倾、地方主义。[3] 最后曾彦修等人的解决方案也是妥协性的，比如对小老婆、丫头"原则上不告不理，本人没有坚决要求离开的，不处理，也处理不了"。[4]

曾彦修的例子表明，中国东西部的呼应、弥合和改造既是

1　胡乔木：《对〈历史决议〉学习中所提问题的回答》（1981年9月14日），中共中央文献研究室综合研究组编《老一代革命家论党史与党史研究》，陕西人民出版社，1993，第330页。

2　可参看廖泰初《动变中的中国农村教育　山东汶上县教育研究》，1936年，无版本信息，第14页。

3　曾彦修：《平生六记》，生活·读书·新知三联书店，2014，第1~10页。

4　曾彦修口述，李晋西记录整理《曾彦修访谈录》，人民文学出版社，2020，第162页。

自辛亥革命起 20 世纪中国革命的宏伟目标，亦是自辛亥革命起 20 世纪中国革命的长期任务。辛亥革命开启了革命"下乡"的大门，但在很长一段时间内，对辛亥革命的一些反思却不免令大门渐渐闭合，甚至达到了需要"告别"的程度。由此在"延长线"上思考辛亥革命乃至 20 世纪中国革命，需要研究者在持续开启大门的前提下，回到"革命"本身来施展拳脚。

1914 年，杨昌济批阅学生作文，说其中"多仍用君主时代之语"，可见当时部分读书人心中已有一个"共和时代"。[1] 不过"横亘在心"的东西不等于"清晰明白"的东西。其间的错位让辛亥之后"国民多猖狂之行、奇诡之说，对于旧有之道德既存蔑视之心，而于东西各国民所以立国之根本复无所闻知"。[2] 但另一方面，其间的错位也让辛亥之后的中国成为思想文化、政治建制等方方面面的全面"试验场"。

"全面试验"意味着其中一部分尝试不免会偏离革命之本心，但至少它们能够起到"指北"之作用，继而提供一些在竞争互动中"不期而出"的积极元素。更多的尝试则会发展、发扬革命之本心，不断改变旧的中国。正是在这既秉持本心，又全面试验的历史过程中，辛亥革命的大意义方能真正得到凸显和纪念。

---

1　杨昌济：《达化斋日记》，1914 年 3 月 18 日条，第 13 页。
2　杨昌济：《达化斋日记》，1914 年 6 月 5 日条，第 24~25 页。

# 第六讲　谈五四运动研究的推进

在我看来研究的所谓"创新"与一般意义的"新旧转换"有较大的区别。不少研究能出新意其实在相当程度上是昨日样式的今日呈现。就五四运动的研究而言，目前要有"创新"实有两种可能性。一种是目前我们不太会去做，但心向往之的写作方式，如撰述一部周策纵式的五四运动全史，或李泽厚式的中国近现代思想史。这种写作方式因与目前学术生态的距离而产生别样的吸引力。另一种则是来源于近年来革命史与政治史复归的刺激，遂使得以往经典论域中的辛亥革命、五四运动、北伐战争、抗日战争等重要题目又获得新的研究纵深。

以上两种可能性均带有一定的 vintage 意义，即其是"以复古为解放"，既释放了经典写作方式和经典研究论域的厚重积淀，同时又是"旧锦新样"，在袖口、领口、束腰处多能见新文化史的魅影与社会科学发展的痕迹。而由后一种可能性所激发的则是"地方"的五四运动研究。

"地方"的五四运动研究与五四运动在某某地方（如江苏、山东、浙江）的根本性差异不在实体性区域的由大及小、由沿海及内地、由中心及边缘。其表面上的着眼点一般多在县城和县城以下的广大地域社会，但亦可在上海、北京等大城市，或杭州等省会城市，叶文心对杭州的五四运动的经典研究已证明这一点。从其研究出发，所谓"地方"表面上是指"实体性"区域，而其实质代表着一种研究视野、一种分析方式。这种研究视野和分析方式强调的是：

第一，在各种类型的实体性区域，五四运动发生、拓展和延续的机制都可能"自有其理"，就连北京和上海都大有不同。早在1954年，黎澍就曾精辟指出："中国人拒用日货和中国制造品脱销的结果，使未受排斥的美国货物销路随之增加。大战期间日本在中国的肆无忌惮的侵略本来已够使美国资本家感觉不安了，这时受到了实惠，所以他们在上海所办的报纸不惜篇幅大量刊载学生运动的消息并且表示了'同情'。资产阶级在上海的优势产生了一种影响，使上海学生运动在一开始便不同于北京学生运动。"[1] 因此我们当虚心探求各种实体性区域的五四运动"自有其理"的机制，而非简单地以北京爆发五四运动，进而"席卷全国"的眼光来观察这场运动。

第二，来自中心的各种影响诚然可以笼罩地方，但笼罩可以有各种方式，可以强度有别、路径多样。有的是直接影响，

---

1　黎澍:《五四运动》,《中国青年》1954年第9期, 第16页。

比如北大学生直接回乡推动新文化的传播；有的是间接作用，比如零散的书报下行和当地政府无意识的推波助澜；有的更是"互缘"的关系，即大风刮过，树木摇动，但摇动并不是一个方向的，在呼应、支持、认同的同时，亦会有很多批评、责难与不满，而批评、责难与不满或会促使中心人物改变叙述策略，修订宣传方式，调整表述尺度。这些都留有无比巨大的再研究空间。

第三，地方人物自有其主体性，中心对于地方的笼罩一方面或许在消解地方人物的主体性，但另一方面也经常可以激发或创造地方人物的主体性。我们要特别关注那些由中心建构的"地方性"是如何让"地方"重新被发现，进而成为似乎是真实的"地方性"的。比如因白话文学的兴起，胡适、顾颉刚等颇强调发现江南读书人的"白话"传统，遂导致日后"白话"成为江南地方文化特色的一部分。

第四，中心亦非铁板一块，其内部的丰富性和复杂性不亚于地方。而且这些丰富性和复杂性的产生与地方有密切关系。如北大与北高师同属"京城八校"，但两校学生领袖对于五四运动中诸种问题的看法其实颇有不同，并且隐然地形成竞争关系。而这种不同和竞争的形成除了要考察两校在各方面的不同，更要考察如周予同等具体学生与地方互动时的经历和心路。因此若能从地方反观中心，则所谓五四运动中心的样态也能在"地方"的五四运动这一研究视角下获得更多的可能性。

以上是对五四研究的"地方视野"的一些总括性分析。不过"地方视野"的引入并不是为研究"地方史"，而恰恰是要超越"地方史"来推进整个五四运动乃至中国近现代史的研究，所谓"各个民族的精神活动的成果已经成为共同享受的东西……由许多民族的和地方的文学形成了一个世界的文学"。[1]
这就要谈到目前五四研究面对的三重任务：一个任务落在五四
运动本身；一个任务则要我们能以"前顺"或"前溯"的眼光
看五四；最后一个任务是从"结果""影响"的角度看五四。

这三重任务背后隐伏的是：把革命看成现代化的一部分，
不再把启蒙和救亡二元对立，把五四运动作为 20 世纪中国革命
的重要一环，把辛亥革命、五四运动、国民革命、共产革命等
统合起来考察，而统合的关键就在"剧本"和"舞台"这两个
关键词上。

从"剧本"这个关键词来说，华志坚（Jeffery Wasserstrom）
已敏锐发现五四运动中学生的"剧本"问题。[2]若伸展言之，人
若能无剧本而行动，大概需要天赋异禀。绝大多数行动者无论
其自觉或不自觉，均有其行动的剧本。对有些五四运动的参与
者来说，剧本是在清末、辛亥、"五七"、"五九"等时间点上已
经写就的，对另一些人来说，"五四"那几年正是在创作剧本和
彩排剧本。在日后年复一年干革命的过程里，这些不同但交叠
的剧本对他们发生什么样的影响，不同的剧本各自带来什么，
都是值得细细探究的问题。

细究需要具体落实在两个方面，一个方面关乎"完整人
生"。从辛亥革命到国民大革命，从国民大革命到中华人民共
和国成立，从新中国成立至今，革命一面如王奇生所言是"高

---

1 《共产党宣言》，《马克思恩格斯全集》第 4 卷，第 470 页。

2 〔美〕华志坚（Jeffery Wasserstrom）:《正确的抗议策略是从哪里来的？——上海学生运
　动传统之演变》，赵小建译，《上海研究论丛》第四辑，上海社会科学院出版社，1989，
　第 14~32 页。Joseph Esherickand Jeffery Wasserstrom, "Acting Out Democracy: Political
　Theater in Modern China," *Journal of Asian Studies*, No.4（1990）:835–865.

山滚石"般连续而递进，但对于每个具体人物来说，他们面对的是另一种情况。即在他们的人生里有五四运动，但又不止有五四运动。他们是五四运动的参与者，但同时也是辛亥党人，反袁义士，中共早期党员，国民党右派、左派、改组派，中国青年党党员，无政府主义者等。

　　在长程革命中，这些名号虽然是历史给他们贴上的标签，却有真实而冰冷的影响。一个清末少年或者一个五四青年是如何一步步拥有一个乃至多个标签的；这些标签让他们的人生如何嬗变；我们又该如何去触摸标签下的历史温度——这些都是可做且应该去做的题目。一个兼有"辛亥"与"五四"人生的人物，与只有"五四"人生的人物可能就大不相同。面对1927年"清党"的血污，国民党几位元老为何敢于下手，无惧害命，一定程度上和他们清末在亭子间造过炸弹，在火车站开过枪，在欧洲多次目睹过无政府主义者的暗杀有关。与之对比，辛亥前后胡适不过是在《竞业旬报》上呼喊纸上的革命，在石库门里与"志士"喝过几次花酒，然后就踏上新大陆留学，回国后直入北大做教授，因此其思想虽包含革命性，诗作里也经常有"炸弹、炸弹""干、干、干"等警句，[1]但依然算不得"听过枪声的士兵"，遂对青年的血污与几位国民党元老有截然不同的观感和态度。

　　另一个方面则关乎"资源的显现"。五四运动的多张面孔目前多理解为记忆史建构与不同诠释争夺的问题。这样的理解有时不免会过于"蹈空"。其实目前仅就五四运动本身而言仍留有大量的"史实重建"的空间，特别是各地方五四运动的具

---

1　《四烈士冢上的无字碑歌》，《胡适全集》第10卷，安徽教育出版社，2003，第138页。

体进程。陈以爱对上海五四运动史的精彩研究已充分证明这一点。[1] 且这种"史实重建"除了"时空实际"的重建外（包括：人物活动的系日，政府、学校、社团中的实际运作、人事纠葛、彼此间的错综关系），更涉及"虚实交融"的部分，如军阀、学阀、学生领袖等对于每一个城市如上海、武汉、广州的态度和认同等。他们认为上海属于"谁"？武汉应该由谁来"控制"？广州应该什么样？以上都不是无关紧要，而是至关重要的问题。

"虚"与"实"都以各种错综的形态围绕在五四运动参与者的周边，成为他们"实际人生"中的资源。这种种"实际人生资源"的层次处于已经有深入研究，但仍嫌不足的"思想资源"和遍及普通大众的"一般性知识资源"之间，三者交融、冲突、化合、变异，进而构成各地方和各种地方人物的"主体性"。[2]

就"舞台"这个关键词来说，其是一个规定形制、确立规矩，却易被忽略的基本要素。正如人们容易看到演员连续数十个跟头的精彩，而常未想到若舞台的长度不够，这样的精彩就不具备呈现的基本条件。因此，"舞台"的重要性首先表现在新文化是否能够让人们"到手"这一问题上。每期不落地读《新青年》；断断续续地读《新青年》；压根没有机会读到《新青年》，而只是看了一些选本、节本；道听途说"新青年"三字，

---

1　参看陈以爱《五四运动初期江苏省教育会的南北策略》，台北，《国史馆刊》第 43 期，第 1~52 页；《"五四"前后的蔡元培与南北学界》，吕芳上编《论民国时期领导精英》，香港商务印书馆，2009，第 336~361 页；陈以爱《五四时期东南集团"商战"舆论和抵制运动》，《中山大学学报》2019 年第 5 期。
2　这里的"资源的层次区分"的思路得益于与陕西师范大学于海兵博士的讨论。

就开始追慕、模仿起"新青年";非一期期去读,而是直接进入《新青年》合订本——地方读书人对新文化"到手"的途径实取决于当地"舞台"所开辟的通道。由此理解《新青年》就绝不仅是思想的问题和文化的问题。它关乎交通、商贸、学风、人际网络、家庭环境乃至政治格局。

其次,"舞台"的重要性表现在它是新旧"竞逐"的场域。五四运动的一个基点特点就是新旧"竞逐",但新旧竞逐绝不是傅斯年等所设想的那样,是一个把瓶子里的浊水倒空,换上清水的过程。旧人物、保守者、"反革命"们就站在舞台上,地位牢固,祚命绵长。新人物从清末开始就屡屡尝试驱故逐旧、改换新天,数十年间上演一幕幕活剧。在这些演出里,经常有蚍蜉撼树、溃不成军,也有历经努力、终获功成,亦有沆瀣一气与摇身一变。"竞逐"的过程和"竞逐"的结果都和舞台怎样密切相关。但现在旧人物、保守者、"反革命"在既有著述中只有一些劣迹,甚至只有一个名字,"舞台的重现"才能让他们在历史中真正浮现。

最后,"舞台"的重要表现在其丰富性与多样性是能够"影响中心"的。五四虽然是现代中国的一个大事件,但它并未能改变中国之大,也未能改变中国人口之多。在这个意义上说,即使思想有"中心"、文化有"中心"、政治有"中心",这个"中心"面对的仍是其鞭长莫及的众多地方"舞台"。像1925年盘踞江西省的军阀方本仁欲查办吉安学生联合会,照理说这本应成为一省的政治"中心"摧残学生运动的重要事件,但地方上的应对却让"摧残"成为"不了了之"。从档案看:江西省方来了公函说要封闭学联,禁止查货及发还查获仇货。吉安道尹接得公函后,就召集各校校长开会,讨论对策。道尹说他不能直接封闭学联，但上峰命令又不好公然违背。所以要各校校长召集办事学生暂把学联工作放弃几日，至于发还仇货，他自然不遵行。接着吉安道署照例把省里公函转到各校，于是有几个学校，大显其笔墨，表示逢迎上司或正中下怀之意，做了堂皇的布告，禁止学生做学联事。学联学生则写了一张辩明书贴在旁边，又跑去质问校方，校方也无话可说。但也有学生见到官场与教员都不赞成来干这种运动，真个"缩得不出了"。[1]

因此所谓"中心拓展于地方"经常只是敷衍之事、胡乱之事和一时之事，而地方影响中心却可能是经常发生之事。这些影响大致表现在：一、胡适、李大钊、陈独秀、蔡元培等巨型知识分子常要依靠地方读书人的讲述、书信与文章来了解地方情形，进而依据一鳞半爪的地方情形来理解乃至判断全国形势；二、当时报刊虽有"等级制"，但其资讯却不是单向流动，而是一种双向流动，即一方面是地方报刊在吸收、改写和传播高层级书报的内容，另一方面，那些发表在著名报刊上的"名文"也需要以各种地方报纸和大城市小报为养料和元素。

无论是谈"剧本"还是说"舞台"，都意在强调对于五四运动的理解或已不在当时人们得到什么，而是当时人们的限制是什么。此正如毛泽东在中共七大时所言：五四前后"对马克思主义有多少，世界上的事如何办，也还不甚了了。所谓（一大）代表，哪有同志们现在这样高明，懂得这样，懂得那样。什么经济、文化、党务、整风等等，一样也不晓得。当时我就是这样，其他人也差不多。"[2]

---

1 《团吉安特支报告》（1925 年 10 月 5 日），《江西革命历史文件汇集》（1923~1926），第225 页。

2 《中国共产党第七次全国代表大会的工作方针》，《毛泽东文集》第 3 卷，第 291 页。

从毛泽东的话出发，目前研究者必须对一个基本问题进行思考，即"五四"这个复合性、多层次的巨大政治、社会运动展开时，无论是消息的获取、书刊的传播，还是行动的附和、宣传的呼应，很多时候人们是在不知道、不清楚、不了解和不情愿的状态下进入的。若他们获取消息的渠道如此之少，他们是如何去多方打听，进而牵强附会的？若他们拿不到我们耳熟能详的书报，他们阅读的究竟是什么？若他们是在一知半解的情况下附和行动的，其行动会呈现出怎样的样貌？若他们不过是随机、被迫地卷入宣传进程，那么宣传的效果该如何重新评估？在把"限制"，而非"得到"作为第一要义的眼光下，在地方视野与长程革命中考察五四运动就能提出无数具有挑战性的问题，而挑战性正能够让一种研究具备更大和更多的可能性。

# 第七讲  由"外"观"中"

## ——谈 1920 年代初的时代语境

1942 年 3 月，毛泽东发表名文《如何研究中共党史》。文中提出党史乃至整个历史研究的基本方法是"古今中外法"。这里的"中外"可理解为中国与外国，但读书者若仅限于此，则不免理解得简单。对此毛泽东特别阐发说：

> 辛亥革命是"中"，清朝政府是"外"；五四运动是"中"，段祺瑞、曹汝霖是"外"；北伐是"中"，北洋军阀是"外"；内战时期，共产党是"中"，国民党是"外"。如果不把"外"弄清楚，对于"中"也就不容易弄清楚。世界上没有这方面，也就没有那方面。[1]

---

1 《如何研究中共党史》,《毛泽东文集》第 2 卷，第 406 页。

这一阐发清晰地说明"中外"不仅指中国与外国,更包含着历史过程充满各种各样的矛盾,但又处处互相联系、彼此依存,乃是一个整体的洞见。从这个意义上说 1920 年代的历史转折尤其是中国共产党成立是"中"的话,那么围绕这些历史转折的时代语境就是"外"。因此若要深入地讨论、理解这些历史转折,就必须要由外观中,去深入探究 1910 年代末至 1920 年代初丰富、繁杂的时代语境,进而审视这些历史转折如何触发了时代真觉醒的枢纽。

## 一 "新文化运动"的张力

1920 年代初的历史转折"要从五四谈起",但在 1920 年代初的时代语境中,除了五四运动,还有新文化运动,将两者连用的"五四新文化运动"这一概念其实非常后出。在一般的中学历史教科书叙述中,"新文化运动"开始于"五四运动"前数年,但这个以"文学革命"为主要标识的"新文化运动"在 1949 年的周作人看来是"焊接"上去的,周作人认为真正的"新文化运动"发生在"五四运动"着落之后,由其"引起了的热情"触发,热闹了几年。[1]他的看法可以从 1921 年众多时人的看法中得到呼应,有人就指出:

> "五四运动"虽然好像是和平的,实在是革命的。自有了这一次革命性的群众运动,方才把新思想硬生生的在社会中竖立起来;如果没有"五四运动",我敢说便到十

---

1  周作人著,陈子善编《知堂集外文·四九年以后》,岳麓书社,1988,第 27 页。

年之后不见得就有现在那样的现象。[1]

　　因此 1921 年 "新文化运动" 已到了收获成果之时，同时又表现出了种种的张力。先来看它的成果，翻开那一年的趋新报纸，由五四运动激发的 "新新" 文化元素随处可见（这里所谓五四 "新新" 文化对应的是清末民初的 "旧新" 文化），特别体现在各家书局占据巨大版面的广告之上。下面就以 1921 年国庆日的《时事新报》为依据举数例。

　　在当日报纸第一张第一版上亮相的是有国民党背景的泰东图书局，其广告特别指出："以下各书为最近出版之新文化书，凡研究新文化学、哲学、教育、经济者，不可不读，而中学以上学生，及小学教员更不可不人一编也。" 足见 "新新" 文化运动的范围所在和目标人群所在。

　　在具体书目中，泰东图书局抓住的抢手产品是率先在中国巡回演讲的杜威与继之巡回演讲的罗素，因此有两人的《演讲合刊》，有《杜威三大演讲》合刊本，亦有杜威三大演讲的单行本即《教育哲学》《试验伦理学》《哲学史》。值得一提的是，1921 年 10 月继杜威、罗素之后，美国的 "教育学大家" 孟禄也已开始他的中国巡回演讲之旅，并将在日后的新文化图书市场中占据一席之地。

　　除了走马灯般往来的西哲，大时代里也少不了层出不穷的中国人物。泰东图书局因有国民党背景，所以书目中有章太炎的《白话文》、吴稚晖的《朏盦客座谈话》、王无为的《白话

---

1　元之：《新思想的推进机是什么？》，《时事新报·双十增刊》1921 年 10 月 10 日，第 4张第 2 版。

信》、曾毅的《中国文学史》等书，另外则多有一批讲求"新新文化"的名人和新秀，如胡怀琛的《新文化浅说》、郭沫若的《女神》、郭沫若作序的《西厢记》、郭沫若翻译的《茵梦湖》、朱谦之的《革命哲学》和张静庐的《中国小说史大纲》。

继泰东图书局之后，在当日《时事新报》第三张第二版和《双十增刊》中两次出现的是与北京大学势力关系密切的亚东图书馆。其拳头产品分为两个方向：一个是与北京大学相关的"新文化大家"的作品，如胡适的《尝试集》、胡适翻译的《短篇小说》《吴虞文录》，还有即将出版的《胡适文存》与康白情的诗集《草儿》；另一个是"加新式标点分段"的明清小说，如《水浒传》《红楼梦》《儒林外史》。除了立标点、分段落等"新文学"卖点，这些1921年再版、新版的诸种小说的卖点还在对其作"五四新文学"解读的大篇幅"附录"之上。如《水浒传》就附有胡适的《水浒传考证》《水浒传后考》和陈独秀的《水浒新叙》。《红楼梦》附有胡适的《红楼梦考证》、陈独秀的《红楼梦新叙》、顾颉刚的《答胡适书》和胡适的《考证后记》。《儒林外史》则附有胡适的《吴敬梓传》与陈独秀、钱玄同的两篇《新叙》。

最后必须要提及的一家书局是新文化书社，这家书局资本未必雄厚，背后支持的力量也未必强大，但它却能抓住"新新文化"的跃动脉搏，从自家名称开始做文章，在众多出版社中异军突起。新文化书社有多部出版品以"白话""新文学"为显著标识，非常抢手，因此在《时事新报》第三张第三版，书社继续做特别启事推荐自己的出版品。

如有洋装一册、定价六角的《白话文做法》，其推介说："二三年来，新文化运动的怒潮，振荡得一天高似一天，白话又是新文化运动的开路先锋，我们要尽力新文化运动，不可不去研究白话文，这本书的内容，如白话文的意义，白话文的变迁，白话文的条件，白话文的种类，白话文和国音字母，白话文和言语学，白话文和标准语，白话文和文言文，白话文用词，白话文用语，白话文的句法，白话文构造，白话文的修辞，白话文的记读记号，附白话诗做法释理，件件都很明白的。"

有洋装二册、定价九角五分的《新文学评论》，其介绍为："欧战告终，新潮突起，由新思想而产新文学，这部书是新文学大家蔡子民、胡适之、陈独秀、罗家伦、朱希祖、沈仲九、傅斯年、施天侔诸先生的巨著，洋洋二十万言，洵为研究新文学的宝筏。"

有洋装一册、定价五角的《白话小说精华》，书社认为"近来各书店出版的小说盖可以算得汗牛充栋，不过好的实在不多，要像《红楼梦》《水浒传》《儒林外史》等书的笔法更加没有了，我们这本书是选辑古今小说的精华，洵是研究新小说的范本"。

又有洋装一册、定价四角的《白话写实小说》，这本书据书社介绍是"教育界巨子武进张九如先生历年目观的写实小说，关于社会方面的痛苦写得淋漓尽致，笔法由浅入深，初高学校的学生可以作副读本读，且可晓得社会的现状"。[1]

以上各出版社，连同其他出版社带来了五四"新新文化"的大风，其影响不局限在读书人群体，而是深入整个时代的肌理，改变了人们的思想结构和认知氛围，中国商业信托股份有限公司的广告就说明了这一点。其强调公司所做是为了"扩张

---

1 广告，《时事新报》1921年10月10日，第3张第3版。

一般人之能力，补充一般人之能力，均平一般人间之权能"，所以是"为高尚之精神的事业，而非资本的事业。为利他的具公益性的事业，而非利己的纯粹营利的事业。为稳固的投资事业，而非冒险的投机事业。为运用法律手段之事业，而非纯粹经济事业。为一般的社会事业，而非特定的金融业"。[1]

从这里的"一般人""高尚之精神""利他"而非"利己""公益性""社会事业"等词都可见五四"新新文化"无处不在的影响，形成了新概念、新词汇与生意铺排、资本扩张的吊诡结合。

不过除了有"新新"文化运动，1921 年"旧新"乃至"旧传统"的模样并未消逝，按照商务印书馆的说法是既要有"新文化之曙光"，又要有"旧学海之巨观"。如商务印书馆出版的《四部丛刊》《续古逸丛书》《学海类编》《学津讨原》《涵芬楼秘笈》也颇引人注目。[2]

除了庞渊古奥的"旧学海"，不少自文学革命以来被树起的"旧标靶"也同样没有消逝。《礼拜六》照样热销，王钝根、周瘦鹃、汪剑鸣、程瞻庐、严芙孙等"鸳鸯蝴蝶派"名家的名字在趋新报刊上频频出现。由"鸳鸯蝴蝶派"名家包天笑主持出版的《小说大观》也一再被推介，并特别强调"每册有五彩时装妓女照片，每册有精美简峭短篇小说，每册有趣味浓郁长篇小说，每册有笔记、剧本、诗词、歌曲"。[3]

以上人物、杂志和推销方式都是"新新"人物一再抨击的对象，"鸳鸯蝴蝶派"名家们和普通市民认为的"趣味浓郁"正

---

1 广告，《时事新报·双十增刊》1921 年 10 月 10 日，第 5 张第 4 版。

2 广告，《时事新报·双十增刊》1921 年 10 月 10 日，第 2 张第 3 版。

3 广告，《时事新报·双十增刊》1921 年 10 月 10 日，第 3 张第 3 版。

是"新新人物"眼中必须要去除的"恶趣味"与"臭趣味"。
不过"新新人物"却不能阻止他们在消费市场和思想市场上
出现，因为这些人物、杂志能为报刊提供丰沛的广告费，其
作品符合一般市民的趣味，在上海和中国其他各地都有广大市
场。更耐人寻味的是"新新人物"在不能施行阻止之余，连对
上海书商以"当代名人"之名义将双方强行嫁接，借以卖钱的
行为，都无可奈何。《当代名人新体情诗》一书的广告就是个
好例：

> 　　诗虽有新旧之分，而其言情则一，然旧诗重雕琢，言
> 情往往不中肯，新诗贵自然，言情不灭天真，此新旧诗价
> 值之所由判，亦新情诗之所以可贵也。惟五年中作者虽
> 多，而佳者甚少。本书由诗学大家浦方亮先生手辑，内容
> 作者多一代名人如胡适之、胡怀琛、吴芳吉、刘大白、刘
> 半农、沈玄庐、沈松泉、张静庐、黄日葵、王统照、周瘦
> 鹃、吴江冷、李妃白、曹靖华、潇湘白蘋等三十余人诗，
> 所选诗二百余首，无句不香，无语不甜，洵研究新诗者之
> 模范，亦天下有情眷属青年男女不可不读。[1]

　　"新新"与"旧新"的并存与互渗表明中共建党的时代语
境仍有进一步重建、完整的空间，此节提示了自中共建党起在
文化建设上面对的尖锐问题：中共建党于上海都市中，面对着
明末开始兴起，晚清民初更蔚为大观的都市市民文化，"新新文
化"的发展一方面确实起到了改变思想、推进先进主义传播的

---

1　广告，《时事新报》1921年10月10日，第3张第3版。

巨大作用，但另一方面，都市市民文化亦有其深厚的社会基础和广泛的社会影响，双方的关系不是简单的此消彼长、激浊扬清，而是一个在竞争和互渗中塑造社会主义新市民文化的长期任务。其联系于 1930 年代初瞿秋白等讨论的"群众文艺""大众文艺"等重要理论问题。

不过中共兴起的秘密恰在她不仅仅停留在"新新文化"之上，而是要投身时代，进行实践，因此在那个大时代中产生的诸种问题，尤其是由这些问题带来的现实与思想的困局亦需要有相当程度的展示和思考。

## 二　危急时刻：现实与思想的困局

五四新新文化崛起指向的是民国以降各种政治的、经济的、社会的困局，1920 年代初中国诸多难解的困局影响着时代，纷乱着人心。对此，南洋兄弟烟草公司的广告词提供了切入的线索。其以"祝愿"为主题词，一祝中华民国早日统一；二祝国际地位日见巩固；三祝教育普及，国无弃才；四祝实业日振，国货畅销；五祝水旱兵燹不再发现；六祝外交事项日有进步；七祝财源广进，金融流通；八祝地无旷土，野无游民；九祝万国亲善，世界和平；十祝民国十一年国庆纪念时皆如我所期望。[1]

广告词中最后的"我所期望"大概说明南洋兄弟烟草公司的前九个祝愿都意味着长期以来未能解决的困局。如国家纷乱，军阀混战，水旱并行，游民日多；如国际地位日低，外交

---

1　广告，《时事新报·双十增刊》1921 年 10 月 10 日，第 1 张第 3 版。

屡遭重挫，难有进入列强主导之"世界"的可能；如教育成本越来越高，舆论中孜孜以求"教育普及"，贫寒子弟上进的通道却越来越窄；又如民族资本主义受帝国主义资本强烈挤压，实业不兴，国货滞销。困局让中国人的思考悄然改变着方向，比如黎锦熙给报章的国庆征文本是想写过去十年内国语运动的情形，但在收到张东荪、郑振铎的信后，被其中"国民所受痛苦愈深"一语击中，遂放弃写国语运动，另写一文，谈到了湖北一位警务处科员的家书，其描绘的军阀混战惨状令人不忍卒读：

　　　　沃兄手足，两读手书，以兵祸梗塞，未克答复，罪甚。忆自援鄂军起，兄来书谓以吾湘之力，扶助鄂人，造福两湖，或在斯役。乃此次失利，纪律全隳，间阎则搜括一空，市面则毁抢殆尽。甚至奸掳妇孺，劫夺耕牛，胁索重金，方行释放。始叹前书皆作欺人语也。家中自阴历七月二十七日被某团兵士毁门突入，明火放枪，搜索靡遗。弟旋报告该连连长，始将服物追还。弟以为世界军队之野蛮至此而止，孰料二十八日，溃兵蚁集，弹丸雨下，一日数惊。弟因母亲坚执不走，屡频于危，卒被该兵等捆绑，云欲实行枪毙。经母哀释，该兵等遂将银钱衣服劫去尽净，后仍络绎不绝，搜毁不休，所幸存者四壁耳。同乡居民无一不受惨劫。当抢毁之时，该兵等不曰奉长官命令筹饷，即曰恐饱敌人，或曰我等为国出力，岂容汝等安居，种种悖谬，如虎如狼。沿村遍野，只见男啼女哭，露宿风餐，自治军之赐，小百姓诚顶受不起。

　　　　嗟嗟，荒关才渡，继以旱灾，场谷未登，又罹兵劫，

加以各处萑苻，乘风煽乱，哀我小民，何堪此毒。不知政
府仍能为吾省自谋否也。现在母亲因受虚惊，头晕气痛。
望兄速假归来，藉侍汤药。枪下余生，述不尽意。[1]

这样的混乱时局渐渐幻灭了国人自辛亥以后尚留存的一线
乐观，失望愈加膨胀。由"新文化运动"所牵动的愿景与希望
也开始遭遇各种各样的怀疑，这些怀疑大致可分为三类，第一
是对各个问题能分开解决的怀疑。

政治改良、实业救国、教育救国等说原来都是辛亥至
"五四"，"五四"至新文化运动的问题解决方案。但随着时局
日坏、危机日重，国人对针对单一问题的解决方案越来越有所
疑惑，而倾向于整体性的、全盘性的解决。程振基就指出：政
治不良、实业不振、教育饥荒"皆是我国今日的大病，急须医
治"，需要三方面同时并进，不可偏废。因为"三者皆有连带
的关系，缺一不可。欲求政治良好，非特必须打破军阀，且必
须人民深信共和政治，而安居乐业。欲求实业发达，则必须社
会安宁，人才充裕。至于教育巩固，亦必须经费有着，而人民
无求生不得之虞"。[2]

人们倾向于整体性的、全盘性的解决，但又怀疑既有的
"政治"，所以在五四运动和新文化运动中不断被发现的"社会"
越来越成为读书人解决时局问题方案里的中心点。张东荪即说：
"我们主张人人都得与闻政治，但不可即生活于政治，须于政治

---

1　黎锦熙：《等到"四十节"来了再说》，《时事新报·双十增刊》1921 年 10 月 10 日，第
　　1 张第 1 版。
2　程振基：《改造中国的根本问题》，《时事新报·双十增刊》1921 年 10 月 10 日，第 1 张
　　第 2 版。

以外有其生活的基础。"张东荪所言的政治以外生活的基础即是已然被发现的"社会"的进一步凸显,其强调责任在社会全体,"在行使社会各种机能的人们的组织"。[1] 而"社会"的进一步凸显则会加强第二种怀疑,即对"政府""国家"的不信任,

欧战以降,在中国读书人的思想世界里,国家、政府普遍被淡化、不信任直至批评与抨击,社会、世界、个人等则作为正面的价值和理想被不断宣扬,至 1921 年这种对"政府""国家"的严重不信任本就在思想的延展逻辑中,同时又被内外交困的时局一次次在人心中加固、定牢。以致虽有胡适等人的"好政府主义"的提出,但不少读书人对此颇不以为然,张东荪即说:

> 我们相信中国今天惟一的急务,从消极方面来说,自然是铲除恶政治。我们以为解决中国问题只须铲除现在的恶政府便够了,不必另建一个万能的良好政府。虽则我们相信政府是要的,且是不可缺的,但我们不相信推覆了恶政府以后,一切建设事业都须由一个万能的良好政府来做发动总枢纽。[2]

由张东荪的话出发,可以发现其虽在反对胡适的观点,而且是明确地反对,但基本立足点却与胡适相似,认为当下的政府不可恃,是一个恶政府,同时亦不相信"一个万能的良好政府"。这个基本立足点也成为徐六几宣扬基尔特社会主义、反

---

1　东荪:《三十节与吾人》,《时事新报》1921 年 10 月 10 日,第 1 张第 1 版。
2　东荪:《三十节与吾人》,《时事新报》1921 年 10 月 10 日,第 1 张第 1 版。

对马克思主义的依据所在。其认为"中国的社会不是资本的集中，而是权力的集中。我们的敌者不是资本家，而是官僚。换一句话说：就是合军阀财阀于一炉而冶之的强吏。他们雄据了政府，散了许多的罪恶"，并探究其"散布罪恶"的原因为：

> 并非政治力会使他们作恶，实在是他们活动的范围超越了原有的职务以外。他们握着政治力又加上经济力，军阀又加上财阀，所以才如虎添翼地横行一世。浅薄之士，只看到他们是政治的人，他们作恶的根据地是政府，便举首相告说：政治万恶，政治力在经济力之先。而不知政治力恰如月亮儿一样，他的大身原没有光，受了太阳的光才光亮起来的。所谓太阳的光就是经济力。他们太重视了政治，主张政治的革命，如果政治的革命同时是经济的革命，把政治和经济的职务分开，交给社会民众，此种政治的革命尚说得过去。无如他们一面提倡政治的革命，同时又提倡国家资本主义——把社会主义冠上国家二字是不能成立的。所以我对于提倡国家社会主义的人都认为国家资本主义者——我想不是丧心病狂，便是别有用心，想借着旧有的舞台再唱一出旧戏。国家并非一个庞大无所不包的人格，站在组成他的分子上面，绝对而且独立的支配人的东西。[1]

徐六几的基本逻辑为他不信任政府的作用，怀疑"国家"

---

1　六几：《立于十字街头的斗争说》，《时事新报·双十增刊》1921年10月10日，第1张第1、2版。

存在的依据，然后以之为基础推导出资本主义国家与社会主义
国家无本质差别，这是他的问题所在。但其言说中蕴含的对未
来政府的角色应该是什么，社会主义国家在哪些地方区别于资
本主义国家的思考却不能说没有一点价值。马克思主义中国化
正是在不断地与论敌讨论、辩难中渐渐走向成熟的，而这一过
程伴随着的是第三种怀疑，即对"新文化"之使用直至其本身
的怀疑。

对"新文化"的误用和滥用本是思想拓展过程无可避免之
事，1919年李大钊即引孙中山的话，认为"今日社会主义的名
辞，很在社会上流行，就有安福派的社会主义，跟着发现。这
种假冒招牌的现象，讨厌诚然讨厌，危险诚然危险，淆乱真实
也诚然淆乱真实。可是这种现象，正如中山先生所云新开荒的
时候，有些杂草、毒草，夹杂在善良的谷物花草里长出，也是
当然应有的现象"。[1] 但"杂草""毒草"若如外来侵入植物般肆
意泛滥，深重的怀疑也就随之而生，黎锦熙就观察到：

> 十年内许多新输入新发生的好名词，都逐渐的给那些
> 军阀们政客们糟蹋坏了！本来只是地盘问题，权利问题，
> 却要随着潮流，假借一两个"当时得令"的名词，做他们
> "哗众取宠"的标识。结果，许多新鲜的纯粹的好名词，
> 都丧了信用。我们国民因此受了愈深的痛苦且不说，只问
> 以后在世界新潮流中人类共同的趋势中所有种种的新主义
> 新运动，还能在中国新社会里立足吗？我们要从国民教育

---

1 《再论问题与主义》，中国李大钊研究会编注《李大钊全集》第3卷，人民出版社，
  2006，第4页。

中，定一个最适宜，最必要，简单明了的目标，教大家纯洁的，真实的，鼓起精神向着他前进，还可能吗？[1]

从黎锦熙的观察中我们可以看到"新文化"的误用、滥用，特别是军阀、政客对"新文化"的误用、滥用会让读书人有正本清源的冲动，但"新文化"之本和源的厘清却不那么容易，因此会想要一种"最适宜""最必要""简单明了"的新文化。这里的"简单明了"呼应的大致是"全盘解决"，但什么是"最适宜"和"最必要"无疑就会产生歧义。究竟是符合世界发展潮流"最适宜"还是符合中国国情"最适宜"？究竟是解决现实问题"最必要"还是将来的愿景目标"最必要"？这些歧义让人们从对"新文化"误用、滥用的怀疑推进到了对其本身的怀疑。而怀疑产生就必会追索答案，答案在现实中，也在对过去十年的回首和对未来的展望之中。

## 三　在时代中重构过去与未来

人们心中普遍的"过去"为何，他们认为未来之路该如何走。这样的认知若发生一些根本性变更，则可能意味着时代风气的大转换。在 1921 年，读书人对于"过去"的认识，对未来的设想都在剧烈地改弦更张，张东荪就说：

十年的双十节绝对不是九年的双十节，九年的双十

---

1　黎锦熙：《等到"四十节"来了再说》，《时事新报·双十增刊》1921 年 10 月 10 日，第 1 张第 1 版。

节又绝不是八年的双十节。但用于八年双十节的文章，如祝颂将来，如何裁兵理财，如何毁党救国，如何纳政治于轨道，如何振兴实业与教育，如感慨既往，如何先烈的牺牲精神不再见于今天，如何革命的道德不再见于今天，凡此等等，或是述希望，或是表感慨，不但用在八年双十节的，而且用在七年双十节的，也都可以移用在九年十年，推而至于十一年十二年。果而我们新闻记者大可以偷闲，只要做了一篇文章以备年年转录罢了。虽新闻记者省了事，而民族的命运却大可悲观了。[1]

　　张东荪的感慨说明在 1921 年回首辛亥有和过去不一样的焦点，这个不一样的焦点配合着时代的发展，如果说辛亥后数年的焦点是"国家的发现"，此时的焦点则转换为了"人"的发现。郑振铎即明白指出双十节不应该是一国的国庆日，而应是住在中国这个地方的"人类的争自由光荣纪念"，"我们以前是奴隶，是皇帝家里的子民。自一九一一年双十节这一日以后，方有了'自由人'的资格"。可是对于现在黑暗的、不自由的中国，我们的双十纪念，"还应该带一种'争自由'的色彩"。因为"我们虽然在一九一一年的时候，把'自由人'的资格从'独夫'那里取了回来，然而这几年来，许多军阀、财阀又已于不知不觉之中，把我们的自由剥夺净尽了！"[2]

　　"自由剥夺净尽"的具体过程郑振铎的文章未及展开，瞿世英则将其中涉及的史事一一道出。他说：十年来，始而有癸

1　东荪:《三十节与吾人》,《时事新报》1921 年 10 月 10 日, 第 1 张第 1 版。
2　西谛:《双十节纪念》,《时事新报·双十增刊》1921 年 10 月 10 日, 第 1 张第 1 版。

丑之役，继而有帝制之役，继而有复辟之役，继而又有南北之争，直皖之战。到现在还是桂与粤战，湘与鄂战，川又与鄂战，他如陕、闽、赣等省又岂是太平的去处。南北至今不能统一，外交着着失败，兵燹所经，国民受尽了颠沛流离之苦，惨不胜言。这也能算革命的成功吗？也值得纪念么？[1]

与郑振铎、瞿世英的文章相联系，小说《双十节》借一个孩子的思考提出了与辛亥革命之结果相联系的关乎"人"的大问题：

> 自由是好的，平等是好的；有钱不平等，有势力不平等；要革命的就是这个了！但不知民国十年中，是不是人人都可免掉金钱，和势力底欺负？是不是人人都不拿金钱和势力来欺负人？[2]

从以上思考的逻辑出发，一个人要不受金钱和势力的欺负，可以自己奋斗上进，但若要人人都可免掉金钱和势力的欺负，则必须做广泛的"改造"，同时是巨大的"改造"。在1921年这一潮流表现在各个政治派别的言论和主张之中，不限于中共一家。虽然当年1月在毛泽东的观察里"国中对于社会问题的解决，显然有两派主张"。一派主张改造，如陈独秀诸人；一派则主张改良，如梁启超、张东荪诸人。[3]但这显然是一定程度上"因相似而做区分"的说法，当时的"改良"很多时候

---

1　瞿世英：《革命—文学—哲学》，《时事新报·双十增刊》1921年10月10日，第4张第2版。

2　一星女士：《双十节》，《时事新报·双十增刊》1921年10月10日，第6张第1版。

3　中国革命博物馆、湖南省博物馆同编《新民学会资料》，人民出版社，1980，第17页。

以其思考的剧烈程度和彻底程度而言，压根就是改造。在"改造"这一大标识下，读书人对未来的各种展望纷纷来到眼前。

在各种展望中以建立某种社团、召开某个会议来解决问题的设想不少。有说要联络全国智识阶级组织一个大联合会，其宗旨为富国利民，铲除专断，诚心实意地改造中国。办法为：由全国学生联合会、各地教职员联合会，及其他学术研究机关互相就地联络；会员须宣布与军阀、财阀、交通阀等脱离关系；鼓吹或创办民国商团以图自卫；设职业介绍所，动员会员以互助精神与办实业；会员皆应尊重人道，解放奴仆，善待工人；有伤风败德行为者即斥令出会。[1]

如果说上一种设想局限在智识阶级，黎锦熙的设想则越过了这一范围，谋划得更加详细，同时其谋划也更加充满理想主义和激烈情绪。在他看来，各地方的职业公团尚能代表一部分老百姓真正的心理，因此应该自动联合，在适宜地点（如上海）开一个会议。这个会议应有如下特点。

它应该完全与军阀脱离关系。严防政客的利用和包揽。会议要简单明了地议定几条"国宪大纲"，将来依合法手续正式制定"国宪"时，便可使用这大纲作基础。因为正式的"国宪"完成，不免旷日持久。而目前亟须定下一个全国一致的立国方针。黎锦熙希望这些接近老百姓、小百姓们的职业公团能凭天良与常识来议定这"国宪大纲"。

它需要正式地、赤条条地依着正义与公道，表达人民的意思和要求，绝对不可顾虑、牵涉各方面的政治势力的消长和其

---

1　程振基：《改造中国的根本问题》，《时事新报·双十增刊》1921年10月10日，第1张第2版。

利害关系。

它只是国民心理的真实表示，并不是代行国会职权，通过正式法律，所以不必拘定形式和手续，更不用强调"议决事项，神圣不可侵犯"。

它的效力在国民自决，要为多数人民纯洁真实的心理的结晶，若有人施以摧残压迫的手段，便用大规模、大组织的抗租、抗税、罢工、罢商等手段来对抗，"同归于尽"，"予及汝偕亡"！[1]

以上办社团、开会议的具体未来设想是展望目标的一个层面，在展望目标中拒绝具体的召开会议、建设社团等方案，转之以建设新的组织或"回向个体"的讨论更值得注意。如在费觉天看来，"要想守着个人万能或制度万能底观念，运（用）那和平会议及制定宪法的方法来改造中国是断断不行"，是两条死路。目前社会冲突的根本原因是阶级与阶级的冲突，尤其是军阀阶级与平民阶级的冲突。因此他呼吁"一般改造运动者赶快觉悟，急早回头。不要今日趋若吴佩孚，明日依傍卢子嘉"。从事改造运动者应掉转方向从事于群众组织。群众的组织力愈强，知识愈高，他们就能与军阀不断地战斗：

> 今日失败了，明日。今年失败了，明年。长期的竞走，一下一下地栽根。海枯石烂终有奏效之一日，地老天荒那无此志竟成之时。[2]

---

1 黎锦熙：《等到"四十节"来了再说》，《时事新报·双十增刊》1921年10月10日，第1张第1版。

2 费觉天：《第三种改造方法》，《时事新报·双十增刊》1921年10月10日，第1张第2版。

同样是反思，金侣琴的思路则与费觉天提倡的方向相反，他仍然坚持认为除了提高民智、民德外，改造别无他法，"社会改造必当从自己改造入手"。[1]

不过无论是群众的改造还是自己的改造，都得有未来的入手处与依傍的途径。在这一方面有不少读书人提供了他们的思考。其中一种意见是以"文学"来促进社会革命。

前文已述五四运动前的"新文化运动"以"文学革命"为主要标识，此种潮流到 1921 年仍在继续，并被赋予了全新意义。瞿世英就说：要改造社会，需要先改造思想。要革命成功，需要先进行思想革命，"旧精神，旧心理，旧态度如存在，则新制度，新事业决不能成功。辛亥革命的所以弄到如此结果，就是只为换了组织的形式，而没有换精神。直而言之就是思想没有革命"。但瞿氏此时所谓的思想革命，已不再只是针对读书人，而是要能转变一般人的思想，要具有普遍性质。由此他认为文学在这个意义上将凸显它的重要性，即：

> 文学是普遍地，永久地呼喊着现社会地苦痛和罪恶，使人深深地了解现社会的苦痛和罪恶。心理上根本的不能和现社会适应，思想根本地变了。加之以感情激刺着他，叫他动作。其结果就是革命。[2]

瞿世英这种以文学来促进社会革命的未来入手方式被黎锦

---

1　金侣琴：《从自己改造到社会改造》，《时事新报·双十增刊》1921 年 10 月 10 日，第 1 张第 2 版。

2　瞿世英：《革命—文学—哲学》，《时事新报·双十增刊》1921 年 10 月 10 日，第 4 张第 2 版。

熙进一步发挥，指出要"用一种有力而易于普及的国语文学和教育的方法，将新主义注射到老百姓小百姓们的脑筋里去，这才是真宣传"。[1]

与以"文学"来促进社会革命的思想相比，王统照的思路更具有根本性。他提出了"惟忏悔方足言革命"一说。在他看来，辛亥以来十年中留下的羞辱与过失，不能独独诿之于政客、军阀、流氓，终须责备我们自己。若果有对错误的忏悔，那么会由忏悔而生启发的心思，由启发的心思而生光明的希望。因此对未来而言：

> 惟忏悔方足言进步，惟忏悔方可有突飞的发展，亦惟忏悔方能给我们以最大量的变化，一句话的总括：便是惟忏悔方足言革命。不然，口头上的改革，只是不沉实，不痛切的悔悟，泄沓自误，更没有新生命可以照澈光明的一日。[2]

## 余　论

五四运动叠加新文化运动的成果显而易见，按照王汎森的说法，"在当时环境的催化之下，新思潮迅速替代了旧思维，如飞机场里显示班表的铁片，乍然间翻了一遍"。[3]

---

1　黎锦熙:《等到"四十节"来了再说》,《时事新报·双十增刊》1921年10月10日,第1张第1版。

2　王统照:《忏悔的进步》,《时事新报·双十增刊》1921年10月10日,第2张第1版。

3　王汎森:《思想是生活的一种方式:中国近代思想史再思考》,台北,联经出版事业股份有限公司,2017,第37页。

不过也正因为是"乍然间翻了一遍",所以"铁片"不免嗡嗡作响,毕竟"我们思想新,也只三五年的事"。[1] 新新文化的传播没有让世道人心尘埃落定,反而带来了更多复杂难解的问号,因此那"三五年"的觉醒最多算是前奏,而非主调,尤其表现在新新文化的建构者和传播者自家心中的问号或还尤多。

1919 年 9 月毛泽东撰写《问题研究会章程》,里面大大小小的问号多达一百多个。[2] 这些问号与"重新估定价值"的口号有关,但更多的是来源于对国内危局的追问,对国际秩序和其在华存在的质疑,对辛亥革命以来十年历程的重新审视与对未来的不同期望。因此 1921 年读书人才会对于过去、当下和未来有形形色色的回顾、描述和展望。"形形色色"表明了大时代的丰富色彩和茫昧无定,其让中国共产党建立伊始就伴随着以上的追问、质疑、审视和期望,也需要中国共产党以其理论和实践回应以上的追问、质疑、审视和期望。而回应的凭借和依托正是马克思主义。

面对 1921 年的诸多时代问题,马克思主义的回应在三个层面上有其独到之处。第一,马克思主义相较旧日流行的那些主义,其特点是能同时"改造世界与中国"。其理论基础和视野范围不局限在一国,而是全世界无产者、劳苦大众、受压迫民族联合起来。当恽代英谈列宁时会特别强调这一点,说:"我们诚心的赞美列宁,因为他是一个世界主义者,是一个为世界一切被压迫民族奋斗的人。他不但是俄国平民的英雄,亦是世

---

1 《陈毅早年的回忆和文稿》,四川人民出版社,1981,第 43 页。

2 《毛泽东早期文稿:1912.6~1920.11》,第 396 页。

界一切被压迫民族革命的前驱者。"[1]同时经过俄国十月革命的实践，又让中国人相信其有在一国而且是相对弱国率先实现的可能性。因此它给中国人提供了一个把国内危局和国际危机一起解决的方案，这恰是它的吸引力所在。

第二，马克思主义的整全性方案并不止于解决现实的政治问题、经济问题、社会问题，它能融入中国乃至人类"新社会"的建立过程，深深地影响中国人尤其是中国青年如何过日常生活。因为它树立了一套新的"大经大法"，为青年们提供种种确定性，这些确定性包括过去应该怎么看，现实生活应该怎么过，未来之路应该如何走，等等，这又进一步提升了马克思主义的吸引力。

第三，一个主义再有吸引力，其若不能配合已有的历史条件，不能在中国"落地"，影响亦不能持久。马克思主义的全球性恰与中国人源远流长的"天下"观念天然具有契合性，如毛泽东就说："我们多数的会友都倾向于世界主义"，"觉得自己是人类的一员"，而这种世界主义就是"四海同胞主义"，"就是愿意自己好也愿意别人好的主义，也就是所谓社会主义"。[2]同时早期中共党员也大多不把马克思主义看作停在纸上的域外理论，而是把它作为投身于改变中国实践的指导方针与行动指南，陈独秀就指出："宁可以少研究点马克思的学说，不可不多干马克思革命的运动。"[3]由此马克思主义随着当时的世界大势，扎根于中国大地，开启了时代真觉醒的枢纽。

---

1　恽代英：《列宁与中国的革命》，《中国青年》第16期，1924年2月2日。

2　《新民学会资料》，第146页。

3　陈独秀：《马克思的两大精神》，任建树主编《陈独秀著作选编》第2卷（1919~1922），上海人民出版社，2009，第453、454页。

当真觉醒的枢纽转动，刚建立不久的中国共产党的面目也渐渐清晰：她虽然有待进一步的政治成熟，但已在提出和实践解决国内危局的科学方案；她虽然是共产国际的一个支部，但已在全力以赴改变着不公道的国际秩序，撬动其在华存在之基；她虽然还未与国民党开展合作，但已洞察新的革命与旧的革命的根本区别；她虽然力量弱小，但已摸索出"人间正道"的模样。正如黎锦熙的一首诗所言：

> 国民程度不足
>
> 还只怪走岔了路
>
> 我们赶快指点——
>
> 一条简单明了的大路
>
> 让他们真实纯粹的往前走
>
> 这条路再不要走错！[1]

---

1  黎锦熙：《等到"四十节"来了再说》，《时事新报·双十增刊》1921 年 10 月 10 日，第 1 张第 1 版。

# 第八讲　智识与情感
## ——谈 1920 年代革命思想文化研究的 脉络 *

　　革命家不可无信教的热情，而革命的思想却不可有宗教的内容。[1]

　　革命需要智识，因为革命为翻天覆地之事业，必有革命者设计的宏大蓝图。蓝图愈宏大，其实现愈需要真正的智识来支撑。革命更充溢着情感，因为既为翻天覆地之事业，历史进程就不会按照智识设计的蓝图亦步亦趋。1920 年恽代英即说："革命的发生，很少可以说是受了理性的支配，亦很不容易求他完全遵守着一个计划的发展……每每他的发展，无论好或坏，总出于他原动的人的意计之

* 本讲由华东师范大学思勉人文高等研究院于明静老师提供初稿。
1　江春（李达）：《无政府主义之解剖》，《共产党》第 4 号，1921 年 5 月 7 日。

外。"[1] 因此革命过程中必常有"紧张气氛",亦不乏"醉酒般的欢欣",更有"对人类状况改善之无限可能性的信念"。[2] 革命的情感与革命的智识相交织,你中有我,我中亦有你,持续推进,成为 1920 年代革命思想文化研究的一个持续性脉络。本讲我们主要以早期中共为分析对象来谈这个脉络,其背景则要从 1920 年代革命思想文化研究何为说起。

## 一 1920 年代革命思想文化研究的可能性与重要性

1895 年后,中国近代思想的发展大致有两个基本特点,一个特点是思想相较中国既有社会基础的超前性。以进化眼光看,仅在清末十余年间思想资源的引进已基本与当时欧美最先进、最流行的政治思想与科学思想同步,如形形色色的社会主义、无政府主义、物理学、动植物学等。另一个特点是思想本身的杂糅性。多种"极其先进"和"非常落后"的思想同存;各种"极其先进"的思想之间一面水火不容,一面实际互通;"非常落后"的思想因为一些因缘又时常能对接上"极其先进"的思想。而种种的同存、不容、互通与对接,都与读书人有密切关系。由此 1920 年代革命思想文化研究的可能性与重要性的第一个层面就凸显出来,即当时的革命实践主体无论是中共、国民党还是中国青年党等团体,基本为读书人。按阶级分析,一般认为中下层读书人即小资产阶级。这些人处于中国近

---

1 《革命的价值》(1920 年 10 月 10 日),《恽代英全集》第 4 卷,人民出版社,2014,第 215 页。

2 [美] 劳伦斯·斯通:《英国革命之起因(1529—1642)》,舒丽萍译,北京师范大学出版社,2018,致谢页。

代以来"士变"的历史大过程中，[1] 所谓"士变"和思想变迁就
密切关联，具体表现在：

这段时期"由于长期延续的既存意识形态已失范，又面临
铺天盖地而来的西方新思潮，中国读书人思考的根本性、开放
性与颠覆性都前后少有"。[2] 罗志田老师所言的思考的根本性、
开放性与颠覆性一方面表现在毛泽东说的"吾国思想与道德"
种根甚深、结蒂甚固，要用大力才能将其"摧陷廓清"；另一
方面则表现在毛氏特别补充的话——"西方思想亦未必尽是"，
部分"亦应与东方思想同时改造也"。[3]

因此近代中国读书人的诸多思考特别是关于中国革命的思
考经常能不囿于"中西"，而具有令人瞩目的创造性；同时又
能超越于"中西"，而具有不拘于一时的宏远性。1917 年毛泽
东已在讲："革命非兵戎相见之谓，乃除旧布新之谓。"[4] 1948 年
张东荪更强调："革命就是要使中国走上一条崭新的路，决不是
历史上任何的旧路。"[5] 此话意味着革命的道路自然是一步一步
"走"出来的，因此如何"走"即革命行动的历史非常重要。但
革命的道路要为"崭新"，要不是"历史上任何的旧路"，则革
命者尤其是讲革命和干革命的读书人对她的憧憬和向往（此中
大部分即为思想）至少是同样重要。

---

1　参见罗志田《士变：20 世纪上半叶中国读书人的革命情怀》，氏著《近代读书人的思
　　想世界与治学取向》，北京大学出版社，2009，第 104~141 页。

2　罗志田：《知常以观变：从基本处反思民国史研究》，《南京大学学报》2013 年第 1 期。

3　《致黎锦熙信》（1917 年 8 月 23 日），《毛泽东早期文稿：1912.6~1920.11》，第 86 页。

4　《张昆弟记毛泽东的两次谈话》（1917 年 9 月），《毛泽东早期文稿：1912.6~1920.11》，
　　第 639 页。

5　《论真革命与假革命》（1948 年 10 月 30 日），左玉河编《中国近代思想家文库·张东荪
　　卷》，中国人民大学出版社，2015，第 600 页。

　　1920 年代革命思想文化的变迁尤其是中共早期思想文化的变迁以近代以来的"士变"为大背景，不过其变迁又不会局限在"士变"之中，其研究的可能性与重要性的第二层面在这些革命思想文化呼应和回应着中国革命从"士变"到"平民之变"的历史过程。

　　以中共为例，其建立绵延于 1910 年代末 1920 年代初。此时中华民族的危急程度不亚于甚至超过 1900 年前后的庚子事变。1910 年代末 1920 年代初相较 1900 年前后中国进入了一个列强基本上不再用枪炮来打，而纷纷改用"软刀子割头"，使得中国人将死又"不觉死"的时代。[1]在这个时代里，表面上看，中国被列强"瓜分"的危机有所减缓，但文化竞争即思想层面的斗争却日趋激烈，这些日趋激烈的斗争大致可分为两个层面：一个是中共之思想如何应对帝国主义列强带来的文化、思想的"软刀子"；另一个是中共之思想如何应对既存"士君子"和欲成为"士君子"之人的"软刀子"。从第一个层面说，1923 年，毛泽东形容湖南的状态是：

　　　　耶苏教天主教教堂布满全省，僻地小镇无不侵入。美国传教事业为尤猛进，以青年会为中坚，兼及教育事业及慈善事业。美国人在湘因商业上无势力，专从宗教、教育及医院筹赈等慈善事业用力，一班留美学生从而和之造成一种浓厚的亲美空气。[2]

---

1 《老调子已经唱完——二月十九日在香港青年会讲演》（1927 年 3 月发表），《鲁迅全集》第 7 卷，人民文学出版社，2005，第 326 页。
2 石山：《省宪下之湖南》，《前锋》创刊号，1923 年 7 月 1 日。

　　此处毛泽东提到的列强在湖南的势力尤其是美国的天主教、新教教会、青年会、学校、医院等势力，其在华的行动特点即是在所谓文明传播的外衣之下做思想展拓，进而形成文化霸权。从"布满""无不侵入""猛进"等形容词看，这些势力有列强做政治、经济后盾，组织程度高、宣传力度强、传播范围广。由"从而和之""浓厚的亲美空气"等描述看，他们宣传和行动的迷惑性亦甚大，是中共等新兴进步势力的强大竞争对手，而这些势力与中共等新兴进步势力竞争的主要方式即落在"思想战"上。这种"思想战"起源于清末中国"士君子"与"传教士""洋商""西医"之较量，但到此时已开始与每一个中国人特别是"平民"有关。因为列强所谓的文明传播并不仅在中国"士君子"的范围内，同时中共等新兴进步势力亦绝不仅着眼于中国"士君子"。这就需要讨论第二个层面，中共思想如何应对"士君子"和欲成为"士君子"之人的"软刀子"。

　　"士君子"的基本思想理路在"定名分而立教化"，即以"名分"（实质为等级）的层层确立来维持旧的社会秩序。中共的基本思想理路在"全世界无产者联合起来"以建立一个新社会，这个新社会人人平等，没有等级。这两种基本思想理路的冲突正凸显了中共思想发展过程中的张力。这种张力在小资产阶级如何与自身的阶级身份脱钩，进而与平民在一起；同时平民（群众）这样落后，尤其是在思想文化上这样落后该怎么办。对于前者，早期中共的一般答案是义无反顾地拒绝小资产阶级的"固有文化"，带着"野兽性"地去"自我革命"。瞿秋白谈鲁迅时即说：

　　　　他能够真正斩断"过去"的葛藤，深刻的憎恶天神和

贵族的宫殿，他从来没有摆过诸葛亮的臭架子。他从绅士
阶级出来，他深刻的感觉到一切种种士大夫的卑劣、丑恶
和虚伪。他不惭愧自己是私生子，他诅咒自己的过去，他
竭力的要肃清这个肮脏的旧茅厕。[1]

　　不过斩断和肃清"过去"并不容易，或也不完全可取。瞿
秋白就坦承："无产阶级意识在我的内心是始终没有得到真正
的胜利的。"[2] 他的话提示小资产阶级在社会生活中仅强行转变
为经济意义的平民无助于产生真正的无产阶级意识。小资产
阶级要产生真正的无产阶级意识，需要在思想和行动上"走
到劳动民众方面来，围绕着革命的营垒"。[3] 他更要自己"站得
住"，以其率先之自为带动平民的自为，成为无产阶级的"先
锋队"。[4] 此种"先锋队"意识固然要抛弃旧时种种"士大夫的
卑劣、丑恶和虚伪"，但同时也不能忘却士大夫"有特殊之义
务"。[5] 这种责任感在中共这里是中外化合的。它既来自列宁
的理论，又是中国化的。"先锋"即为豪杰、大人、君子，要
伸张"其本性中至伟至大之力"，陶铸于"活泼之地感情之
冲动"。[6]

　　对于后者，在马克思、恩格斯与拉萨尔关于剧本《弗朗

---

1　何凝:《〈鲁迅杂感选集〉序言》，《瞿秋白文集·文学编》第3卷，人民文学出版社，
　　1989，第99页。

2　瞿秋白:《多余的话》，江西教育出版社，2009，第12页。

3　何凝:《〈鲁迅杂感选集〉序言》，《瞿秋白文集·文学编》第3卷，第111页。

4　《恽代英致刘仁静》（1920年12月21日），周月峰编《〈少年中国〉通信集》，福建教
　　育出版社，2015，第259页。

5　吕叔湘:《笔记文选读》，上海文艺出版社，2021，第185页。

6　《〈伦理学原理〉批注（1917—1918年）》，《毛泽东早期文稿：1912.6~1920.11》，第
　　218~220页。

兹·封·西金根》的讨论中已可看出革命之无限狂热与现实主义理性间的"悲剧冲突"成为一个讨论话题，并更深一步推进到革命领袖究竟如何理解与结合"群众"的重大问题。[1]而在中国语境下，1921年茅盾已有相关的困惑，说："《（小说）月报》虽然不能说高深，然已不是对于西洋文学一无研究者所能看懂。"[2]不过此时茅盾对平民程度低的看法是不能因为"民众的赏鉴力太低弱"，就把"艺术降低一些"。[3]大约过了十年，中共已不再这样想问题。瞿秋白就提出，且不说高深的作品，即使要读懂一张《申报》，一个人起码要读五年书。[4]那么如何在平民中传播思想？同时，究竟在平民中传播什么样的思想？在此张力中中共开始了持续的努力。

　　关于如何在平民中传播思想，中共遵从的是思想、理论不应该是高高在上、曲高和寡的。瞿秋白就部分赞同鲁迅所言，认为要将思想、理论视作"自觉的声音"，这样的声音要能做到"每响必中于人心，清晰昭明，不同凡响"。[5]关于究竟在平民中传播什么样的思想。中共的答案是"在大众之中创造出革命的大众文艺出来，同着大众去提高文艺的程度，一直到消灭大众文艺和非大众文艺之间的区别"。这显然是亘古未有的大思考，但同时也一定是艰难的、长期的斗争，因此成为中共早期思想文化变迁中的一段华彩乐章，值得再三关注。[6]

---

1　参看郝孚逸《拉萨尔的〈弗朗茨·封·西金根〉和马克思恩格斯对他的批判》，《复旦大学学报》1963年第1期。

2　《致周作人》（1921年10月22日），《茅盾全集》第37卷，黄山书社，2014，第43页。

3　《致梁绳袆》（1922年1月10日），《茅盾全集》第37卷，第50页。

4　《大众文艺的问题》，《瞿秋白文集·文学编》第3卷，第15页。

5　《〈鲁迅杂感选集〉序言》，《瞿秋白文集·文学编》第3卷，第101页。

6　《大众文艺的问题》，《瞿秋白文集·文学编》第3卷，第20~21页。

## 二　中共早期思想文化的双轨并行与互渗

近现代中国是一个"灵台无计逃神矢"的时代。在这个时代里，中国读书人必然智识饥渴，因为他们在急切寻找着救国、救民直至救世界的方案和道路。由此对智识的探求就成为理解中共早期思想文化的一条轨道，"马克思主义在中国的传播与接受"这一大论域在此轨道上已有了无数精彩研究。但中共早期思想文化却不只有探求智识这一条轨道，情感的注入、形成与散播是另一条需要关注的轨道。[1] 在两条轨道的并行与互渗里中共早期思想文化才能呈现出相对完整的样貌。

就两条轨道的并行来说。马克·布洛赫指出："历史学家天生倾向于以理性重现过去。但是，在所有历史领域，非理性都是一个重要的因素。"[2] 在所有历史领域中重要的"非理性"因素，其中很大一部分是情感。具体到中共早期思想文化，1920年毛泽东就针对章太炎劝人读历史，以避袁世凯、段祺瑞之失的说法，提出：读历史是"智慧的事"，求遂所欲是"冲动的事"。以智慧来指导冲动，只在一定范围内有效。一旦跃出范围，冲动便会压倒智慧，勇猛前进，"必要到遇了比冲动前进之

---

1　一般来说，马克思主义者越趋向于无政府主义那一端，就越会相对贬低智识（科学）的作用，因为无政府主义通常有浪漫的、激情的革命想象。如有无政府主义者就说："革命时候，没有提倡科学的必要，而且科学方法，在底子里其实和革命的理想冲突，所以要主张革命，就不免对不住科学了。" AA：《革命与哲学》，《奋斗》第6、7期合刊，1920年4月20日。还有无政府主义者受托尔斯泰泛劳动主义学说的影响，在根本上贬低"精神劳动"即智识，向往纯粹的"肉体劳动"，说："研究些微生虫，学积分微分，说些什么'万物成于原子，说什么人生意义是'存在'，是'自由'，说什么热力光电是一种'能力'和别种'能力'间底现象，能够解释人生底真意义吗？"《瞿秋白文集·政治理论编》第1卷，人民出版社，2013，第78页。

2　[法]马克·布洛赫：《封建社会》上卷，张绪山译，商务印书馆，2004，第142页。

力更大的力，然后才可以将他打回"，所以毛氏强调推翻资本主义不能仅仅依靠"小教育"之力。[1]

　　这段话对理解中共早期思想文化的情感轨道极有帮助。毛泽东所言的"小教育"在相当程度上就是指纯智识的教育，而"大教育"在智识的基础上，一定关联于澎湃的情感，因为马克思主义要创造的不仅是新的智识，更要创造"新的感觉方法"。[2]新的智识包含唯物论哲学、唯物史观、马克思主义政治经济学等关键内容。这些内容拆解、揭示着资本主义社会运行的基本规律和其必走向消亡的科学原理。但它们的运用不能停留在概念的顾影自怜和理论的空中悬想中。革命者若只是机械地照搬这些智识，不要说推翻全球资本主义，就是消灭帝国主义在本国的势力亦是不可能完成的历史任务。以上历史任务需要新智识作为基础，叠加革命者持续的对共产主义终极理想的兴趣与渴望，不断进行马克思主义与国家、民族实际相适应、相结合的实践。最终推进直至完成历史任务，创造出新天新地、新世界。

　　这样的历史过程在中国革命中尤为典型。郑振铎就强调："革命天然是感情的事；一方面是为要求光明的热望所鼓励，一方面是为厌恶憎恨旧来的黑暗的感情所驱使。因为痛恨人间的传袭的束缚，所以起了要求自由的呼声；因为看了被压迫的展转哀鸣，所以动了人道的感情。大部分的社会主义者都是感情极强盛的人，都是看不惯旧的龌龊，所以希冀新的光明的。"[3]

---

1　《毛泽东给萧旭东萧〔蔡〕林彬并在法诸会友》(1920 年 12 月 1 日)，《新民学会资料》，
　　第 149 页。
2　瞿秋白：《多余的话》，第 12 页。
3　西谛：《文学与革命》，《时事新报·文学旬刊》第 9 号，1921 年 7 月 30 日，第 1 版。

毛泽东则在读书批注中谈及"无尚之正鹄"其实与知识无关，
而关系于感情与意志，因此"不能以科学之法论证至善理想"。[1]
从郑振铎、毛泽东的话出发或可说，构筑中共早期思想文化的
钢筋是新的智识，而水泥则是富含澎湃情感的对人类世界的新
感觉和新认知。

就两条轨道的互渗而言。中共建立时的大背景是全国范围
内的新文化运动，这场运动当然关于智识的探求，但它更是一
场释放情感的运动，因为无论是智识的探求还是情感的释放，
都是人们尤其是青年为了与"恶社会宣战"，要自己"先行创
造一个生活根据"。[2]由此梁实秋描述新文化运动的特点是"处
处要求扩张，要求解放，要求自由"，"情感就如同铁笼里猛虎
一般，不但把礼教的桎梏重重的打破，把监视情感的理性也扑
倒了。这不羁的情感在人人的心里燃烧着"。[3]

燃烧在人人心里的不羁情感是什么？虽然在梁实秋笔下理
性和情感似乎对立，但若把智识看作是理性的载体，则双方的
互渗亦不少。首先，智识本身就有其情感性，杜威即曾引詹姆
士的话说："知识里面还有愿望、意志，影响于他的'信仰的意
志'"。[4]此言或对五四时期向往革命的青年有较大影响。康白情
即说："一种杂志，他的著者只是以知识为单位结合拢来的，而
其中没有盛情和意志的作用，无论怎么样，他也是一个半身不
遂的。"宗白华则强调："鼓吹青年的文字，要具有极朋〔明〕

---

1 《〈伦理学原理〉批注（1917—1918年）》，《毛泽东早期文稿：1912.6~1920.11》，第
   122~123页。
2 《王光祈致左舜生》（1919年），周月峰编《〈少年中国〉通信集》，第14页。
3 梁实秋：《浪漫的与古典的》，新月书店，1928，第17页。
4 《杜威五大讲演》，胡适口译，安徽教育出版社，1999，第237页。

了的学理眼光，同热烈真诚的高尚感情。"[1]

其次，情感亦可在智识探求中得满足，田汉在和黄日葵等人的通信中即说现实生活和理想生活都带给青年"无穷的烦闷"，但对于理想生活，青年总得去征服它，而要征服它，就得真正从科学规律去理解它。即依靠智识懂得现实的法则，进而克服实际的和心灵的种种冲突，通往理想生活，然后才会有"灵肉调和物心一如之妙"。[2]

最后，情感或会妨碍智识的发展，但更能促进智识的发展。从妨碍的一面说，情感或会使人"因人废言"，继而对智识发展有所阻挡。毛泽东即承认以感情来论事一项，他也颇不能免，具体就表现在因人废言上——"我常觉得有站在言论界上的人我不佩服他，或发见他人格上有缺点，他发出来的议论，我便有些不大信用"。[3]情感更可能会使革命者失却以智识做支撑的理性，"徒然牺牲"。瞿秋白就批评一种"群众运动的牺牲者"是抱着极端的感情，随意轻信而竟去牺牲！于是不能改革旧的制度、习惯，创造出新的信仰、人生观。[4]

从促进的一面说，智识需要情感的灌注才能真正向平民普及。中共的革命者很早就已注意到了这一点，并将其付诸实践。1917年毛泽东在湖南第一师范夜学的教学中就强调常识教授是"与以普通之知识及精神之安慰"。[5]其后他不断在教学中改变方法、调整方式，其着力点即在增加教学的情感力度，调

1 《康白情致王光祈、曾琦》（1919年8月3日）、《宗白华致〈少年中国〉编辑诸君》（1919年），周月峰编《〈少年中国〉通信集》，第45、47~48页。
2 《田汉致黄仲苏》（1919年12月30日），周月峰编《〈少年中国〉通信集》，第126页。
3 《毛泽东给罗学瓒》（1920年11月26日），《新民学会资料》，第120页。
4 《瞿秋白文集·政治理论编》第1卷，第52页。
5 《夜学日志首卷》（1917年11月），《毛泽东早期文稿：1912.6~1920.11》，第100页。

整教学的智识难度：

> 实验三日矣，觉国文似太多、太深。太多，宜减其分
> 量；太深，宜改用通俗语（介乎白话与文言之间）。常识
> 分量亦嫌太多（指文字），宜少用文字，其讲义宜用白话，
> 简单几句标明。初，不发给，单用精神演讲；将终，取讲
> 义略读一遍足矣。本日历史，即改用此法，觉活泼得多。[1]

到 1919 年 1 月，恽代英则直接说："感情易动人。故劝人
与言理宁鼓动其感情。"[2] 6 月，恽代英就借五四运动大潮把此前
的想法落实到办报中，提出：欲求国民有真感情与持久的有力
活动，必须灌输以正确的时事知识，使人具有世界眼光。此种
灌输若能真诚浅近、有条理而能动人，自然可以激发一般人爱
国家、爱正义之热情。又说：若希望引导或纠正舆论，就要用
极锐利中正的眼光来叙述、评论事实，以引起公众的感情，为
解决时局之助。在报纸的具体栏目中要设置谈话栏，用"真诚
恳挚之语，激动社会"。[3]

## 三　寻找无形情感的有形载体

在中共早期思想文化中智识与情感两条轨道并行互渗，但
研究难度却有一定差异。相对而言，智识更具有结构性，更加

---

1　《夜学日志首卷》（1917 年 11 月），《毛泽东早期文稿：1912.6~1920.11》，第 107 页。
2　《民国八年日记》，1919 年 1 月 5 日，《恽代英全集》第 3 卷，第 145 页。
3　《学生联合会极重大之二事》（1919 年 6 月 16 日后）、《武汉学生联合会提出对于全国学
　　生联合会意见书》（1919 年 6 月 19 日），《恽代英全集》第 3 卷，第 42、53 页。

有形，从而较易把握。但情感往往磅礴于内心，发见于细微，较为无形，因此在具体研究中需要寻找无形情感的有形载体，以使其凸现出来，具体而言大概有以下载体值得研究者在中共早期思想文化的具体研究中去注意。

第一类值得关注的载体是各类广告。广告能够以具象化、图示化的方式带来情感，进而在情感冲击中传播消息和愿景。1921 年，泰东图书局利用两个巨大问号作为广告中心意象。对应中心意象，广告展示两个进步青年萦绕于心的关键问题："如何可以增进新智识？""如何可以买到新书籍？"接着在广告列出的书单里就出现了郭沫若的《女神》、朱谦之的《革命哲学》《过激党真相》《劳农政府与中国》《新俄国研究》等与革命推进极其相关的书籍。[1] 同年世界书局则先用"新青年的好消息"作为总标题，告诉读者：学问也好，处世也罢，是"样样难"！因此会路径千条，无从入手；走错一着，耗费光阴。然后说"求人莫如求己，求己莫如读书"，新青年的特点应该是自助和自动。在这样一番情感铺陈之后，推出了广告要宣传的书籍——新时代学生用《常识百科全书》。[2]

除了具象化和图示化，广告亦能将复杂的智识通俗化，进而产生对平民的吸引力。1917 年湖南第一师范平民夜学的招生广告即用白话，其内容尤能考虑到工人加入夜学的志忑心情，如说："我们为甚么要如此做？无非是念列位工人的苦楚，想列位个个写得、算得"；又说："时势不好，恐怕犯了（夜晚）戒严的命令，此事我们可以担保，上学以后，每人发听讲牌一

---

1　广告，《时事新报》1921 年 9 月 22 日，第 1 张第 2 版。

2　广告，《时事新报》1921 年 10 月 25 日，第 2 张第 3 版。

块，遇有军警查问，说是师范夜学学生就无妨了。若有为难之处，我替你做保，此层只管放心的。"[1]

除了广告内容承载情感，其实际分发方式亦可具有情感。前述的湖南第一师范平民夜学，其分发招生广告的方式一开始有两种：一是在街道明显处张贴广告，一是委托警察分发广告，但效果不佳，应者寥寥。后据毛泽东等分析，问题出在民众对广告分发方式的微妙心态上。就张贴广告而言，"仅仅张贴，无人注意，彼等不注意于此，犹之吾人不注意官府布告也"。就委托警察而言，"人民视警察俨然官吏，久已望而畏之，更何能信？"由此他们更改了分发方式，"自写自发，发时加以口说，大受彼等之欢迎，争相诘问，咸曰'读夜书去！'"。[2]

第二要注意中共人物的谈话记录，研究者尤其要把注意点放在具体文字之外的谈话环境、说者神态和听者反应之上。1917 年 9 月张昆弟就记录与毛泽东等好友谈话的环境为：

> 就湘江浴。浴后，盘沙对语，凉风暖解，水波助语，不知乐从何来也。久之，由原路上，时行时语，不见山之倒立矣。和尚待于前门，星光照下，树色苍浓，隐隐生气勃发焉。不久进寺……有小楼一间，余辈至小楼纳凉，南风乱吹。

正是在这样的环境下毛泽东、张昆弟、彭则厚三人方能

---

1 《夜学招学广告》（1917 年 10 月 30 日），《毛泽东早期文稿：1912.6~1920.11》，第 94~95 页。

2 《夜学日志首卷》（1917 年 11 月），《毛泽东早期文稿：1912.6~1920.11》，第 98 页。

"谈语颇久，甚相得也"。研究者也只有先去知晓、理解这样的环境，才能体味出毛泽东何以会说："西人物质文明极盛，遂为衣食住三者所拘，徒供肉欲之发达"，之后更向张、彭二人表明宏愿，希望能有"一（个）最容易之方法，以解经济问题"，然后"求遂吾人理想之世界主义"。[1] 这宏愿当然是青年毛泽东基于智识学习的一贯思考，但其令人印象深刻的想法的流露却需要有那凉风、山色、星光与树影作为条件。

　　第三类载体是书信和日记。民国时期革命者的书信和日记，常常会有最深刻的自省，如恽代英的日记；同时也会有极为恣肆的直抒胸臆和不受约束的个人情绪表达。就恣肆的直抒胸臆来说，新民学会会员间的通信就较多反映了革命者做书信往来时笔下的不加遮拦，这和清代大多数读书人写信时的兜兜转转与注重修辞形成了鲜明对比。像蔡林彬与毛泽东讨论"大规模的自由研究"时动用的就都是情感性词汇，说这一想法"动吾之心，慰吾之情，虽不详说，差能了解。兄之'梦呓'，尤是弟之兴经，通我智祓，祛我情瞀，其为狂喜，自不待言！"[2] 之后蔡氏又向毛泽东谈及"正人是否需要为恶"这一敏感问题，措辞就更为直接：

　　　　弟意现在当得一班正人立恶志（杀坏人），说恶话，行恶事，打恶仗，争恶权，夺恶位，加入恶界，时时与恶为缘，时时与恶战，时时与恶和，操而纵之，使自我出，支而配之，使自我生，演而进之，使自我发；然后将万恶

---

1　《张昆弟记毛泽东的两次谈话》（1917 年 9 月），《毛泽东早期文稿：1912.6~1920.11》，第 638 页。
2　《蔡林彬给毛泽东》（1919 年 7 月 24 日），《新民学会资料》，第 56 页。

纳入袖中，玩之掌上。[1]

除了有面向自身的直抒胸臆，在新民学会会员的通信中亦有不少面向自家群体和别家群体之分野的直抒胸臆。如谈到少年中国学会时，毛泽东与萧旭东的意见虽有具体的不同，但都是在依据情感性的性格、趣味是否相投作为团体间的分野标准，而非以智识为分野标准。在毛泽东眼里，少年中国学会人物"都不免有些虚浮，少深沉远大之计，少恳挚之意"。萧旭东认为此话"说得非常痛快，非常动人"，但也同时指出新民学会诸人虽然"深沉些，恳挚些"，但"不免缺少'活力'，有点腐儒气，陋儒气"。[2]

以上文字写于 1920 年。此时毛泽东也是少年中国学会会员。到 1925 年 11 月，毛氏填写《少年中国学会改组委员会调查表》，认为："会员所抱主义显然有互相冲突之点，且许多会员精神不属于学会，少年中国学会在此时实无存在之必要。"[3]若只从 1925 年这段文字看，研究者看到的少年中国学会的解散是基于不同主义的冲突，更偏重于智识，但"精神不属于学会"一句说明，若能从五年前开始看，新民学会诸人与少年中国学会川籍核心人物之间的性格、趣味差异早在革命者的通信中就有清晰表现，这种造成日后诸人分道扬镳的差异显然偏于情感。

就不受约束的个人情绪说，柔石的日记是个典型案例。

---

1　《蔡林彬给毛泽东》（1919 年 8 月 21 日），《新民学会资料》，第 58 页。

2　《萧旭东致毛泽东》（1920 年 8 月），《新民学会资料》，第 135 页。

3　中共中央文献研究室编《毛泽东年谱（1893—1949）》上卷，中央文献出版社，2002，第 141 页。

在他的日记里上海不是什么繁华都市，而是可怖如地狱一般——"车从前而来，马从后方至，我在路中竟似在阴府的奈何桥上一样"。[1]进而，在他眼里，当时的社会对青年是极其压抑的——"死沉沉的社会，怎能容得活泼泼的青年！稍自觉的人们，必灰心社会的负人，社会的杀人，和自己的失望"。[2]即使在大年初一这种喧闹的节日里，他也感到"在世界末劫之年，人怎能望得半天快乐。军阀专横于朝，贪吏欺诈于市，而一部分人民又愚焉不敏，甘心于自苦，辗转于水深火热，互相嘲弄，全不知自拔，一部分良好的人，仅年年切望，而年年困顿如故。水、旱、虫、风，终岁在田场上勤劳，不能得一饱，忧衣忧食，没半点人生乐趣，徒呼天叹运，究何今天快乐之有！"[3]

以上书信、日记中的情感性表达自然是发源于恶劣的实际社会状况，但也提示恶劣的实际社会状况是如何通过一个个具体革命者酝酿、发酵为普遍性社会情绪的。这些情绪的部分触媒或许是智识，尤其是外来的智识，但很多时候情绪就是情绪，它简单但有力，它无形却也实在。

第四类载体则是诗词。20世纪中国革命虽然属于"现代"，但并不妨碍革命者用诗词尤其是旧体诗词来表达情感，推进革命。清末柳亚子读宣扬无政府主义的《天义报》，就在卷首作了一首七律诗表达感想：

一卷新书仔细论，浇愁不信酒盈樽。

---

1　《柔石日记选》（2），1923年1月6日，《新文学史料》1987年第3期，第187页。

2　《柔石日记选》（2），1923年1月18日，《新文学史料》1987年第3期，第189页。

3　《柔石日记选》（2），1923年2月16日，《新文学史料》1987年第3期，第191页。

华、拿竖子何须说，巴、布英雄有几存?

压线穿针贫女泪，快枪炸弹富儿魂。

群龙无首他年事，好与驱除万恶门。

此诗已能见当时革命者内心对一般社会主义富含情感的向往。[1]到1924年，柳氏更写下《空言》一首表达对马克思主义的强烈认同：

孔、佛、耶、回付一嗤，空言淑世总非宜。

能持主义融科学，独拜弥天马克斯!

后来柳亚子认为此诗寥寥二十八字，却足称为自己的代表作。[2]中国共产党人不少与柳亚子年纪相仿，年纪稍轻的一辈去传统也未远，因此他们所作、所论的旧体诗词也很值得作为情感之载体去关注。1918年毛泽东送罗章龙赴日，送其题为《送纵宇一郎东行》的七言古风，其中数句足见当时湖南新民学会诸人的风发意态：

丈夫何事足萦怀，要将宇宙看稊米。

沧海横流安足虑，世事纷纭何足理。

管却自家身与心，心中日月常新美。

---

1　柳亚子著，中国革命博物馆编《磨剑室诗词集》上，上海人民出版社，1985，第49页。

2　中国革命博物馆、上海人民出版社编《磨剑室文录》下册，上海人民出版社，1993，第1278页。

名世于今五百年，诸公碌碌皆余子。[1]

受毛泽东馈诗的罗章龙也好结交谈诗、善诗的人物，并引为同道。他在回忆萧楚女时就说他"好谈诗"，[2] 在谈及宋天放（克钦）时则说其"所著诗文传诵一时""平生所著诗文积存颇多""所作诗词独见风格"。[3] 而罗氏自己所做之诗也为中共思想的留影和传形做出了贡献。大约 1923 年，罗章龙写诗描画在闸北三曾里三户楼（此楼曾作为中共三大中央办公处）里的一众共产党人的情态，极为传神：

> 黄浦激浪雪山倾，淮海风云会郡城。
> 东楚山川多壮丽，西方瘴疠满神京。
> 亡秦主力依三户，驱虏全凭子弟兵。
> 谊结同心金石固，会当一举靖夷氛！[4]

9 年后（1932）三户楼毁于"一·二八"侵华日军的飞机轰炸。此楼虽然形构不存，但经由罗氏的诗文，楼中年轻的中国共产党人以革命为信仰，过有朝气之生活的状态被鲜活地呈现、锁定。这种状态里有智识吗？当然有，而且是马克思主义与中国实际相结合的普遍性智识。这种状态里有情感吗？它充溢着时代性情感。而且这个情感可分东西。中共早期的歧路彷徨用"汽笛一声肠已断，从此天涯孤旅"来表达更为合适，中

---

1　罗章龙：《椿园载记》，生活·读书·新知三联书店，1984，第 6 页。

2　《逐臣自述——罗章龙回忆统稿》中，九歌书坊，2015 年自印本，第 454 页。

3　《逐臣自述——罗章龙回忆统稿》下，第 644~645 页。

4　罗章龙：《椿园载记》，第 290 页。

共日后的迅速发展更是用"要似昆仑崩绝壁，又恰像台风扫寰
宇"来形容才最贴切。[1]无论是早期的歧路彷徨还是日后的迅速
发展，中共始终是在领导中国人民"快快乐乐地去创造未来的
黄金时代"，最终是要"用了我们底全力，去创造一种快乐的
世界"。[2]何为李大钊直至中国共产党人普遍理解的"快乐"？这
种智识与情感的相交与互通正是中共早期思想文化让人着迷的
奥义所在。

1 《贺新郎·别友》，《毛泽东年谱（1893—1949）》上卷，第 120 页。
2 《演化与进步——在上海大学的演讲》（1923 年 4 月 15 日），中国李大钊研究会编注《李
  大钊全集》第 4 卷，人民出版社，2006，第 157 页。

# 研究个案举隅

# 第九讲　谈陈独秀与"万恶孝为首"谣言

1938 年 12 月冯友兰在《新事论·原忠孝》中说:"民初人要打倒孔家店,打倒'吃人底礼教',对于孝特别攻击。有人将'万恶淫为首'改为'万恶孝为首'。"[1] 冯友兰此说既有提示作用,又颇让人生疑。提示之处在"万恶孝为首"一说曾给国人深刻印象,并在历史记忆中长久留存。而疑问之处在冯友兰只笼统地说"民初",这个说法究竟何时出现,何时深刻在人们脑海中,又何以能够如此深

---

1　此篇原载《新动向》第 1 卷第 11 期(1938 年 12 月)。笔者这里用的是《三松堂全集》的版本,见《三松堂全集》第 4 卷,河南人民出版社,2000,第 249 页。

刻，冯氏文章均语焉不详。[1]

从原初形态说，"万恶孝为首"脱胎于著名俗语"百善孝为先，万恶淫为首"。此语出自清人王永彬所撰《围炉夜话》。是书与明人洪应明的《菜根谭》、陈继儒的《小窗幽记》并称为"处世三大奇书"，在民间流传甚广，这条俗语也因此脍炙人口。[2]而之所以"万恶淫为首"会变成"万恶孝为首"实和1921年在广东的陈独秀有莫大关系。

关于此，各种陈独秀传记和相关文章大多会提及。综合各家研究结论和我对1921年陈独秀在广东之言论的阅读，可以判定陈独秀从未明确说过"万恶孝为首"，其为一大谣言，此正如《民国日报》所说，"陈君在何处曾演说过这些话？有何人亲耳听见？闹了许多日子，没有一人能够指出"。[3]

但遗憾的是以往研究大多只对陈独秀与"万恶孝为首"谣言的关系做了简单的现象描述，而不把它当作一个可以细致讨论五四爱国反日运动后文化运动与政治行动之演变的有趣个案。[4]其实陈独秀与"万恶孝为首"谣言的关系尚有一连串问题需要厘清：第一，1920年末陈独秀为何选择赴广州，而非留在北京或去上海、武汉继续从事文化运动和政治行动？这个问题的答案看似简单，其实有不少需进一步解释之处。第二，在广州，"万恶孝为首"谣言产生的人事背景和斗争逻辑为何？谁制

---

1　在1985年全国政协的发言中冯友兰才明确说："封建社会中有两句流行的话：'万恶淫为首，百行孝为先。'陈独秀把它改为'万恶孝为首'。"冯友兰：《全国政协六届三次会议的书面发言》（1985年3月），《三松堂全集》第14卷，第279页。

2　王永彬：《围炉夜话》，黄山书社，2002，第92页。王氏的生平考证可参看王洪强、周国林《族谱中关于〈围炉夜话〉作者王永彬的资料考述》，《文献》2012年第1期。

3　《广州通信》，《民国日报》（上海）1921年3月24日，第1张第3版。

4　其中稍详细的仅有贾兴权《陈独秀传》，山东人民出版社，1998，第246~256页。

造了这些谣言？他们如何制造？又为何制造？第三，有些谣言即出即散，有些谣言传播稍久，有些谣言则长久留存。"万恶孝为首"谣言就属于长久留存之一类，那么其能长久留存的社会心理基础是什么？[1]

这些问题背后涉及"五四"后文化运动和政治行动的走向、中国共产党在建党之初面对着哪些挑战与困境等重要问题，[2]下面先从陈独秀为何赴广州谈起。

——一——

关于1920年末陈独秀为何赴广州，以往的解释一落在广东的"革命性"，二落在共产国际的推动，而少见陈氏赴广州的内在驱动和无奈之意。[3]胡绳曾言：

> 中国的先进的知识分子主要是经过俄国十月革命而认识马克思主义的。他们当时能读到的马克思列宁主义的著作是很少的。他们学到了马克思主义的基本观点，就勇敢地投身于炽热的实践斗争中。他们的理论准备不够多，这是一个弱点；但是，一接受了马克思主义，就立即把它和

---

1 邵力子即指出："'陈独秀主张仇父公妻'的话，我们辨正过，陈君自己也辨正过，然而这种流言至今不息。"（邵）力子：《社会主义与"公妻"》，《民国日报》（上海）1921年10月21日，第4张第1版。

2 后文凡用"五四"均特指1919年5月4日的北京反日爱国运动和之后5~6月间各地的反日爱国运动。

3 对于共产国际的影响，仍以张国焘所言最为中肯，他说："中国近代史上的革命运动，如太平天国运动、辛亥革命等等，都受了西方的影响，但主要仍是导源于中国内部状况的需要。中国共产主义运动的发展也是一样，不过它受共产国际的影响更为深切。"张国焘：《我的回忆》第1册，东方出版社，1980，第117页。

中国的反帝反封建的群众运动结合起来，这又是中国马克思主义运动的一个特点和优点。[1]

这段话无疑相当有见地，他指出了以陈独秀为代表的早期中共党员大概是还未有充分的"理论准备"就已在"实践"之中。在党组织未完全成形、手中又无武力的状态下，他们的政治行动很多时候是以文化运动的方式展开或至少披着文化运动的外衣。由此"五四"后得到"更加深入蓬勃的发展"的新文化运动就有了复杂意蕴。[2] 其表现在：

第一，"五四"后做文化运动，其具体方式表面上看与"五四"前基本无差，大致有办学校，做讲演和在报纸、刊物上发表文章的鼓与呼。但相较"五四"前的相对"纯然"，"五四"后这些行动的背后更多浮动着人事的纠葛、派系的分野和政治的暗影。

第二，"五四"后的新文化运动其主题和内容相较"五四"前愈加模糊。"五四"前尚有文学革命、白话文等相对统一的目标，但"五四"后几乎每个思想人物和政治人物都在定义自己的"新文化"，并以自己感知和理解的"新文化"为尊，同时亦视另一种不同于己的"新文化"为"非新"乃至"反新"。

由此"五四"后的文化运动乃至政治行动的一条隐而不彰的主线是：谁是运动和行动的"定义者"和"领导者"。从这

---

1　胡绳：《从鸦片战争到五四运动》（简本），红旗出版社，1982，第674页。胡绳这段话的灵感大概来自1922年5月5日陈独秀在中国社会主义青年第一次代表大会上的演说，参看陈独秀《马克思的两大精神》，任建树主编《陈独秀著作选编》第2卷（1919~1922），第453、454页。

2　胡绳：《从鸦片战争到五四运动》（简本），第671页。

条主线出发方能更深地理解陈独秀为何要赴广东。

自 1919 年 3 月底开始，由于各方"尤集矢于（北京）大学文科学长陈独秀"，[1]无论是做文化运动还是做隐藏在文化运动下的政治行动，北京、武汉两地已基本没有陈独秀施展与腾挪的空间。具体表现在 1919 年 4 月 9 日陈独秀从北京大学辞职，[2]1919 年 6 月 11 日陈独秀在北京被捕。[3]1920 年 2 月，陈独秀在武汉各处演讲，当地官厅对陈氏主张大为惊骇，"令其休止演讲，速去武汉"。回到北京后，为躲避北京政府再次拘捕，陈独秀由李大钊、高一涵至车站接送至王星拱家中暂住，然后由李大钊护送至天津赴上海。[4]

以这些事件为背景，我们才能读懂 1920 年 2 月陈独秀在上海所说的："北方文化运动，以学界为前驱"，但"普通社会"不能为后盾。其中最不满人意者在"北京市不能谓为有一市民，仅有学界运动，其力实嫌薄弱"。[5]其实，当时的"学界运动"之力已为各方所认识且极欲掌握，并不薄弱，但陈氏当时无论在实际境遇、外部树敌和内部人际关系上实已与北京学界渐行渐远，与武汉学界也无太多交集，此其一也。

其二，陈氏在上海虽仍有施展腾挪的空间，这从他特地在上海做《新文化运动是什么》的演讲就可见一斑，但上海的问题在于，与陈独秀相竞争的对手太多。王奇生、桑兵、陈以爱等学者的研究都已揭示五四运动前后的文化运动和背后的政治

1　《传教育弹劾说之由来》，《申报》1919 年 4 月 1 日，第 6 版。

2　《北京大学之消息》，《申报》1919 年 4 月 13 日，第 7 版。

3　《陈独秀被捕》，《晨报》1919 年 6 月 13 日，第 3 版。

4　唐宝林、林茂生编《陈独秀年谱 1879~1942》，上海人民出版社，1988，第 112、113 页。

5　《陈独秀过沪之谈片》，《申报》1920 年 2 月 23 日，第 14 版，任建树主编《陈独秀著作选编》第 2 卷（1919~1922），第 198 页。

行动并不局限于北京大学、《新青年》这一校一刊，江苏省教育会、国民党、商务印书馆、中华书局、中华职业教育社等均能从中分一杯羹，甚至可以在暗中起到主导作用，这些力量参与文化运动和政治行动的基地就在上海。[1] 因此，从 1920 年 9 月到 12 月，陈独秀在《新青年》上连发四篇后来著名的"论上海社会"的系列文章，都当从这条线索去解读，其中一、二、三篇都和在上海做文化运动与政治行动的激烈竞争直接相关。

1920 年 1 月，陈独秀尚感觉他的一位山东朋友有偏见，认为上海"决不会有真实的新文化运动"。在陈氏看来"这位朋友虽然学问见识都好，却不曾到过上海一次。他的观察未必正确。我是住过上海好几年，却不敢像他那样一体轻视上海底朋友"。[2] 但到 9 月发表的《论上海社会》中陈独秀就开始直接批评上海的黑幕文人和书贾"做红男绿女小说，做种种宝鉴秘诀，做冒牌新杂志骗钱"，由此，上海这种"龌龊社会"哪里能算得上"全中国舆论底中心"和"文化底中心"？[3]

在 10 月发表的《再论上海社会》中，陈独秀则提到所谓"黑幕"小说，说它是"摇身一变来做新思潮的杂志骗钱，外面挂着新文化的招牌，里面还是卖黑幕一类的货"。[4] 这矛头有一部分是指向张东荪主持的《时事新报》，因为该报于 1916 年 9

1 可参看王奇生《革命与反革命：社会文化视野下的民国政治》，社会科学文献出版社，2010，第一章；桑兵《"新文化运动"的缘起》，澳门，《澳门理工学报》2015 年第 4 期；陈以爱《五四运动初期江苏省教育会的南北策略》，台北，《国史馆馆刊》第 43 期。

2 陈独秀：《告新文化运动的诸同志》，《大公报》（长沙）1920 年 1 月 12 日，任建树主编《陈独秀著作选编》第 2 卷（1919~1922），第 174 页。

3 独秀：《上海社会》，《新青年》第 8 卷第 1 号，1920 年 9 月 1 日，任建树主编《陈独秀著作选编》第 2 卷（1919~1922），第 261 页。

4 独秀：《再论上海社会》，《新青年》第 8 卷第 2 号，1920 年 10 月 1 日，任建树主编《陈独秀著作选编》第 2 卷（1919~1922），第 275 页。

月 1 日刊发"征稿启事"悬赏黑幕，为"黑幕"小说流行的始作俑者，副刊《报余丛载》曾连载此类小说两年多。1918 年 4 月，《时事新报》又创设《学灯》副刊，成为宣扬新文化的一大阵地，到 1920 年风头极盛，正是陈独秀和《新青年》在上海的重要竞争对手。

在 11 月发表的《三论上海社会》中，陈独秀未能主导上海文化运动走向的怨气表现得最为明显，大有回到 1915 年《青年杂志》在上海各巨鳄压制下难以出头的愤懑状态。他抱怨杜威、罗素等西洋名哲来到上海，却被当作福开森、朱尔典、拉门德一样的人物。上海各色人物不过是为了把他们引为同调和借他们大出风头。陈氏更特别指出"罗素初到上海，在大东欢迎席上就有人在演说中替商务印书馆登了一段卖书底广告"。[1]要深入理解这些话就得考察陈独秀对罗素的态度和罗素初到上海的欢迎会是怎样办的。

1920 年 1 月，陈独秀说"英国罗素底新唯实主义的哲学"是世界最近代、最新的思潮的代表，[2]10 月，为欢迎罗素来上海，《新青年》第 8 卷第 2 号封面是罗素相片，下书"就快来到中国底世界的大哲学家罗素先生"；广告页的"新青年丛书"预告两本罗素著作——《到自由之路》与《哲学问题》；当期要目栏的前六篇文章是张崧年所写的《罗素》、罗素译文——《梦与事实》、《工作与报酬》、《民主与革命》、《游俄之感想》和《哲学里的科学法》。接着《新青年》第 8 卷第 3 号的前六篇文章则是

---

1　独秀：《三论上海社会》，《新青年》第 8 卷第 3 号，1920 年 11 月 1 日，任建树主编《陈独秀著作选编》第 2 卷（1919~1922），第 292 页。

2　陈独秀：《自杀论——思想变动与青年自杀》，《新青年》第 7 卷第 2 号，1920 年 1 月 1 日，任建树主编《陈独秀著作选编》第 2 卷（1919~1922），第 155 页。

张崧年的《试编罗素既刊著作目录》、王星拱的《罗素的逻辑和宇宙观之概说》、罗素译文——《能够造成的世界》、《自叙》、《民主与革命》、《罗素论苏维埃俄罗斯》。[1] 即使到广州后，陈独秀主导的《广东群报》除连载克鲁泡特金的《互助论》、《美国共产党宣言》、《马克思的一生及其事业》，还有罗素的《社会结构学》，这些都可见陈氏对罗素的借重。

不过，陈氏虽借重罗素，在上海，他却难得到罗素的独家青眼，这可能是陈氏从开始的欢迎罗素到来，转变为借罗素来沪事大发牢骚的肇因。1920 年 10 月 13 日即《三论上海社会》发表的前十几天，江苏省教育会、中华职业教育社、新教育共进社、基督教救国会、中国公学、《时事新报》、《申报》七家联合举办欢迎罗素来华大会。这次大会深深刺激了陈独秀。因为陈氏虽然受邀参加大会，但主办欢迎会的七家势力雄大的社团、学校、报纸却都和他没有太大关系。到欢迎会现场，陈独秀更可能心不甚惬。做那在他看来是"卖书广告演说"的正是江苏省教育会主席沈恩孚（信卿）。放眼周围，同席的又是日后能陪伴罗素去湖南讲学的张东荪、杨端六等人。这些人物与陈独秀有持续思想和言论竞争，同时他们与罗素的关系显然比陈氏更近。[2]

相较北京、武汉、上海，广州当时对陈独秀来说大概是做文化运动和政治行动的最好选择，也是无奈选择。从最好选择这一面来说，首先广州确有陈独秀因辛亥革命而形成的人脉。各方报道都指出，除了陈炯明全力以赴招揽陈独秀外，汪精卫

---

1 《新青年》第 8 卷第 2 号，1920 年 10 月 1 日；第 8 卷第 3 号，1920 年 11 月 1 日。
2 《七团体昨晚欢宴罗素》，《时事新报》1920 年 10 月 14 日，第 3 张第 1 版；《罗素等入湘讲学》，《时事新报》1920 年 10 月 21 日，第 3 张第 1 版。

对陈独秀来粤也非常支持，并为此奔走。[1] 这和二人同为著名民党，长期惺惺相惜或大有关系。其次，广州和北京相距非常遥远，和上海、武汉也都颇有距离，地理上的距离常能过滤许多具体的情节、人事的纠葛，而独留下陈独秀的赫赫名声。因此陈独秀赴广州时，"新文化泰斗""新文化巨子""新文化大家""北京大学教授"等名衔多见于各报，[2] 这些名衔会给当地人士以强烈期待，而期待甚高，后面的反作用亦甚强。

从无奈这一面看，广州的新文化运动实际"赶别省不上"。[3] 1919 年 9 月戴季陶指出："就新闻杂志讲来，我想说一句不中听，得罪广州人的话，'从来就难得看见优良的出版品'！至于说到书籍，现在还在那里销上海老书店里的停时货！"[4] 张国焘则在回忆中直接说："广州名为革命中心，但共产主义的活动反而比较落后。五四运动的影响，并没有广泛地波及偏处南方的广东，当时在各省风起云涌的各种左倾小团体和地方性刊物，在广州十分少见。"[5]

但因要去广州，陈独秀从 1920 年起多会说广东的民情、民气和革命的契合。如"广东人民，性质活泼勇健，其受腐败空气之熏陶，或不如北京之盛。以吾人现在之悬想，改造广州

1　《陈独秀去职之前因后果》，《时报》1921 年 8 月 30 日，第 2 张第 4 版。

2　《广州通信》，《申报》1920 年 11 月 13 日，第 7 版；《粤人聘陈独秀长教厅》，《时报》1920 年 11 月 25 日，第 3 张第 5 版；平：《陈独秀与粤教育界》，《申报》1921 年 3 月 10 日，第 7 版。

3　《筹办群报缘起》（1920 年 10 月 20 日），中共广东省委党史研究委员会办公室、广东省档案馆编《"一大"前后的广东党组织》，内部刊物，1981，第 18 页。

4　季陶：《介绍两位新朋友》，《星期评论》第 15 号，1919 年 9 月 14 日，第 4 版。

5　张国焘：《我的回忆》，第 126 页。

社会，或较易于北京"；[1] "广东社会的平民思想，比较上实在发达，虽至厨夫走卒，也知争自由，也知争平等，无龌龊卑屈底气象"。[2]

此外陈独秀赴广州如此明显地借助官厅之力量，甚至是直接成为官厅一员，无论是对做文化运动还是做以"社会革命"为号召的政治行动这都是一把双刃剑。李大钊、张国焘等虽劝说陈独秀不要受"共产党人暂不做官"的约束，但此种劝说亦反映他们其实都不乏对陈氏以"直接做官"来推动革命的隐忧。但在无奈选择之下，陈氏只能以"办教育也不能说是做官，而对于共产思想的传播则特别有利"自解，[3] 这些都为日后在广州发生的各种冲突埋下伏笔。

## 二

1920 年底，陈独秀到达广州，1921 年 8 月离开，在这大半年时间里与陈独秀相关的历史过程已有几位学者做了出色的重建工作。[4] 这里围绕本文主题"万恶孝为首"谣言，详前贤所略地展开讨论。陈独秀到广州所受到的谣言攻击，以"万恶孝为首"为主要内容的已属于第二波。第一波源自"男女同校"问题争论，主要是《广东群报》与《广州晨报》的论战。当此次论战走向白热化的时候，两报文章均充斥着对对方主办人、记

---

1 《陈独秀过沪之谈片》，《申报》，1920 年 2 月 23 日，第 14 版，任建树主编《陈独秀著作选编》第 2 卷（1919~1922），第 198 页。

2 《筹办群报缘起》（1920 年 10 月 20 日），《"一大"前后的广东党组织》，第 18 页。

3 张国焘：《我的回忆》第 1 册，第 127 页。

4 村田雄二郎『陳独秀在広州（1920～21 年）』、『中国研究月報』1989 年 6 月号、1~13 頁；刘娟、袁征：《1921 年广东各界"驱陈"始末》，《学术研究》2014 年第 4 期。

者、作者的人身攻击。1921 年 3 月 3 日，陈独秀就在《广东群报》出大字启事云：

> 广州晨报社社长夏重民先生：
>
> 　　先生在今天《晨报》上发表不满意于弟之三事，颇关弟之名誉，有何证据，请于廿四小时以内明白赐复。
>
> 　　　　　　　　　三月二日午后二时　　陈独秀[1]

　　这有关陈独秀名誉的"三事"是什么呢？《广州晨报》我多方搜罗至今未见。据《广东群报》文章的侧面反映，《广州晨报》夏重民文章题为《我为什么要反对陈独秀》。其中说陈独秀三事：第一有"统一人家思想的野心"；第二陈氏为"人"品格甚差；第三有"桀犬吠尧""臧仓毁孟子"的事。[2]而关于陈独秀"人品"甚差的具体例证则落在他和沈定一（玄庐）在黄姓友人家"胡混"。[3]此可视作"万恶孝为首"谣言的前奏。

　　谣言真正的发端基本可判断在上海。《民国日报》指出："最奇怪的是，这种谣言先发生于上海，等上海报纸所载的消息传到广州，然后广州轰动起来。"[4]那么《民国日报》说的"上海报纸"是哪家呢？就是政学系的《中华新报》。3 月 8 日，《中华新报》发表署名"广州归客"的《广东最近之两大暗流》一文，这篇文章的内容以往研究几乎全据陈独秀文章的转述，所

---

1　陈独秀启事，《广东群报》1921 年 3 月 3 日，第 2 页。
2　平平：《群报各位记者鉴》，《广东群报》1921 年 3 月 3 日，第 6 页。
3　《致公谋》，《广东群报》1921 年 3 月 4 日，第 3 页。
4　子平：《辟污蔑陈独秀主张"讨父公妻"谣言》，《民国日报》（上海）1921 年 3 月 24 日，第 1 张第 3 版。

以此处稍多摘引全文：

　　更有一事为现时广东人士所抱为莫大隐忧者，则陈独秀之禽兽学说，所谓提倡新文化者是也。陈炯明本无学识，却侈谈教育。观其在高师演说时，只满口不痛不痒之套语，不特不知教育为何物，简直教育二字之意义，恐亦未能了解。自己既无所知，则求贤自辅诅云非宜。广东不乏通明博达之士，其办学成绩，彰彰可见者，尤指不胜屈，乃偏废置不用，好奇立异，特觅一所谓提倡新文化之陈独秀回粤，开章明义，即言废德仇孝，每到各校演说，必极力发挥万恶孝为首、百善淫为先之旨趣。青年子弟多具有好奇模效之性，一开此说，无不倾耳谛听，模仿实行，若决江河，沛然莫御。即学校以外，凡社会上嚚张浮浪之徒，无不乐闻其说，谓父子为路人，谓奸合为天性。同时民党暴徒如夏重民、吴铁城等又从而附合之，盛倡共产公妻主义，随时集合苦力团体，大鼓大吹，一时无识顽徒无不奋臂张拳，咸欲分肥择艳，肆其一逞。据各界人士观察，将来广东之大祸，必有不可思议者，比洪水猛兽而益烈。目下如民军之肆扰，盗贼之横行，兵燹之侵夺，以及拒收纸币，否认八年公债，查封产业，大放匪囚，翻判旧案等事，其直接或间接加害于人民者，不过财产上之关系，或治安上之关系，甚亦不过生命上之关系，究属一时的痛苦。至于陈独秀之学说，则诚滔天祸水，决尽藩篱，人心世道之忧，将历千万亿劫而不可复。闻现时广州各校学生，多因仿效此等风气，家长父兄甚为惶恐，饬令子弟退学者络绎不绝。今年广州中学及第一中学学生人数，较去年几少一半。又广州孔教会特聘请谢次陶君演讲孔义，并按日演说辟仇孝，甚为暴徒嫉视，闻迭接匿名函恐吓，拟以激烈手段对付，能否继续演讲，尚未可定。斯真广东之惨象也。[1]

这篇文章的访员虽然笔下绘声绘色，但实在对广州情形一知半解，竟然错乱到把陈独秀、《广东群报》的对手方广州晨报社社长夏重民视为"附和"陈独秀之人，又把毫无干系的吴铁城拉扯进来。[2]而且以《中华新报》本身的影响力，此说本不会引起那么大的关注，陈独秀未必需要针对性辟谣。谣言能引发更广泛关注并给予陈独秀压力是由于3月9日广东省议会伍瑶光等十余名议员与上海报纸遥相呼应，借题发挥，发布咨文，云：

　　窃维持滔天之患，始于微波，雨雪之来，先集维霰。学术之邪正，其始起于一二人之言论心思，而其后遂足以祸福天下，流被后世。此种消息甚微，不可不虑也。近世欧洲学者，脱宗教迷信之束缚，言论得以自由，其间如达尔文、斯宾塞尔辈，创物竞天择优胜劣败之说，而强权之习兴；伯伦知理主牺牲人民以为国家之论，而国际之界严；边沁倡人生主观，唯在乐利之言，而功利之学盛其中于人心也。则道德之观念微，而权力之竞争烈，其中于国家也则侵略主义强，而铁血之防维甚。吾国伟人巨子，狃

---

1　广州归客：《广东最近之两大暗流》，《中华新报》1921年3月8日，第1张第3版。
　　3月11日《大公报》以《危机四伏之广东》为题全文转载，第3版。
2　(陈公)博：《正告夏重民君》，《广州群报》1921年3月4日，第2页。

于欧西一时之强盛，从而翻译之传播之，几以为天经地义之不可磨灭矣。而其究也，欧洲各国连横合纵不可究结，杀人数千百万而不知恤，西儒托尔斯泰求其故而不得，以为科学足以杀人。吾以为科学何祸于天下，欧洲之祸，权利学说之祸也，今则翻然觉悟，宗旨又变矣。吾华太古满族，榛榛狂狂，知有母而不知有父，即西人所谓图腾社会也，古先哲人乃定为五伦之教，使父子有亲，夫妇有别，兄弟有序，君臣有义，朋友有信，圣圣相传，至春秋孔子时乃大定。读史系东西汉南北宋之际，朝廷遂扰攘于上，而草野之间，人人知重节义，崇礼让，未尝不肃然敬之。若论国势则吾华立国，始不过黄河流域耳，浸及于扬子流域，浸及于珠江流域，其宗教势力影响，及偏于东南亚细亚，五伦之教，何害于人？今虽凌夷微衰矣，有志之士，思有以拯弊补偏之，对于个人则提倡独立自治，使皆有自由平等之精神，斯亦足以为治矣。乃今泰西一二学者，提倡共产主义，无政府主义，无父主义，公妻主义，吾国所谓伟人巨子，又从而翻译之，传播之，几欲取吾国数千年五伦之教，根本取消为快。夫以中国今日道德之凌夷，人心之弊坏，与夫社会上种种不良之习惯，虽以泰西极良之政治施之，中国未见其利反见其弊。而况此等学说，法国大革命施之，已不能行，今日俄罗斯劳农政府，亦只在实验中，而厌故喜新之士，乃欲举吾国而付之一掷，且从而标识之曰新文化。吾窃以为五伦之教如日月之经天，江河之纬地，无一而可废也。今日共和政体似乎无君矣，不知古所谓君臣者，指上下尊卑言之耳，非指臣仆对于专制皇帝言也。《左传》有十臣之说，考之经传皆可取证今。乃并父子夫妇之论而废之，使复返乎图腾社会，以子女从父为无人格，以男女恋爱为天性自由，以共产公妻，无父无政府为无上目的，甚者乃倡"万恶以孝为先，百行以淫为首"之说，人欲横流，大理灭绝，洪水之祸，即在目前，维持学术，其主张此学说之人，不可令其任教育机关，使青年学子受其煽惑。区区愚见，是否有当，静候公决。

连署人王伯梅、林鸿茂、陇渊鑑、赵育瑛、黄维金、赵秉炎、伍监、蔡文标、冯濬乾、唐元绍、叶筠荣。[1]

议员在广东省议会中借谣言发难与《中华新报》发文仅仅相差一天，以当时上海与广州之间报纸投递之速度可判断并非是议员们见《中华新报》文章而变色，遂在议会发难。再联系以陈独秀担纲的广东省教育委员会成立于3月8日，[2]足见此谣言出现有幕后全盘精细策划。

3月10日，广东省城警察局勒令《真共和报》停止出版一周，缘由是该报载《毒兽秽史》小说，"系隐指陈独秀、蔡子民而言"，这大概就是陈公博回忆有人诬蔑陈独秀为"陈毒兽"的缘起，以粤语发音看这样的联想也顺理成章。[3]省城警厅查停《真共和报》一事明显系陈炯明出手，打压谣言，替陈独秀

---

1　《粤议会攻击陈独秀》，《时事新报》1921年3月17日，第2张第1版。文章文字因影印质量有缺漏处，据《国民对于新文化之心理》，《亚洲学术杂志》第1期（1921年8月）和《请正学术以弭乱之议案》，《香港华字日报》1921年3月10日，第2张第3页补全。此文的"著名节选"见于《什么话》，《新青年》第8卷第6号，1921年4月1日。

2　《布告教育委员会成立》，《香港华字日报》1921年3月16日，第3张第4页。

3　陈公博：《寒风集》，地方行政社，1945，第215页。

出头。[1] 3月11日,《广东群报》发表《议员——常识》一文对省议会咨文予以回击。[2] 3月13日,研究系主导的《时事新报》也认为"百善淫为首,万恶孝为先二语,系议员攻陈之语,非陈所言之原文"。[3]

不过同日（3月13日）上海与广州两地再次形成扩散谣言的联动,这次发动者为在上海和全国都极有势力的广肇公所,其通电要求驱陈（独秀）,云：

> 广东省议会、陈省长、教育会、九善堂、总商会、各报馆、香港东华医院、华商总会及北京及各省各埠广东会馆、广肇公所、美洲、南洋各埠广东会馆、广肇公所同乡云。上海各报记载广东教育行政委员陈独秀四处演说,主张"百善以淫为首,万恶以孝为先",陈独秀身为教育行政委员,敢倡此等邪说,流毒社会,贻害青年,非率人类为禽兽不止。诸公爱乡念切,谅不忍坐视,务望主持公论,驱逐枭獍,勿使溷迹吾粤。不胜盼切之至
>
> 上海广肇公所叩支[4]

3月18日,陈独秀在《广东群报》发表《辟谣——告政学会诸人》,指责《中华新报》说："我在广州各校的演说,众耳共听;各处的演说词回回都登在报上,众目共见;有无该报所

---

1 《广州报界之文字狱》,《时事新报》1921年3月19日,第1张第2版;《省报小说被禁登载续闻》,《香港华字日报》1921年3月11日,第1张第3页。

2 《议员——常识》,《广东群报》1921年3月11日,第2页。

3 香港电,《时事新报》1921年3月13日,第1张第1版。

4 《旅沪粤人请驱逐陈独秀》,《时事新报》1921年3月14日,第3张第1版。

谓'禽兽学说',各校学生及看报的人应该知道,用不着我辨正的。"[1] 同日,《香港华字日报》刊出陈炯明给上海广肇公所的复电云:"上海广肇公所同乡诸君鉴:电悉。陈独秀先生:当代教育大家,道德高尚,现正改良粤省教育,倚畀方殷,沪报所载,系属谣传,请勿轻信为盼。"[2]

不过《广东群报》《香港华字日报》影响范围局限于南粤,3月23日、24日陈独秀再借黎明社记者采访名义在《申报》《时事新报》《民国日报》等各上海大报发表"统稿"进一步扩大辟谣范围。[3]

以上是"万恶孝为首"谣言从前奏到酝酿,从酝酿到抛出,从抛出到为人所周知的一个大致过程。这一谣言产生当然和一般意义的"卫道"与"新潮"之争关系密切,但又不限于此。已有学者指出挑战陈独秀的不仅仅是那些"卫道之士",而是"广泛涉及新、旧各个思想派别"。[4] 这一结论是有陈氏一方书写的史料来证明的。

1921年3月19日,《广东群报》的文章就把攻击陈氏的人物分为八派,有"(一)省议会、(二)教育界一部分人物、(三)一班政客、(四)资本家、(五)孔教徒、(六)基督教徒、(七)一般守旧派、(八)少数自号无政府党者"。[5] 3月20日

---

1 陈独秀:《辟谣》,《广东群报》1921年3月18日,第2页,任建树主编《陈独秀著作选编》第2卷(1919~1922),第372页。选编本给《中华新报》文加标题《广州归客谈》,误。
2 《陈炯明复广肇公所电》,《香港华字日报》1921年3月18日,第3张第4页。
3 《广州通信》,《申报》1921年3月23日,第2张第7版;《陈独秀之一席谈》,《时事新报》1921年3月23日,第1张第2版;子平:《辟污蔑陈独秀主张"讨父公妻"谣言》,《民国日报》(上海),1921年3月24日。
4 刘娟、袁征:《1921年广东各界"驱陈"始末》,《学术研究》2014年第4期,第97页。
5 剑君:《从无政府主义的眼光批评反对陈独秀者》,《广东群报》1921年3月19日,第7页。

出版的《劳动与妇女》上的文章则把对攻击陈独秀的归纳为四派——国民党、少数无政府党、保皇会和政学会，并追问："这四派人本是水火不相容的，何以能够联合？"[1]

看似"水火不容"的派别能够联合是因为在"万恶孝为首"谣言背后除了有新旧之争，还有新新之争、党派之争、饭碗与地盘之争，四种矛盾在实际历史进程中互相交织，彼此依存，为行文稍有条理，以下对此一一做讨论。

第一，在新旧之争中，我们或要给那些在以往研究中被指为"卫道士"的人物予以更全面审视。其实，他们大多数不是纯然守旧的人物，反而是清末的趋新人物。以"驱陈"议员的首领伍瑶光为例，他在清末就写过《亚洲各国史》这样的新学书籍，而且其视野比清末一般的新人物更为广阔，写"亚洲史"范围能及"小亚细亚"，足见其"世界"知识之丰富。[2]进入民国后，他也不是僻守乡间的庸碌之徒。1919年他为广东恩平摆脱"三等县"桎梏，设立县中学堂，之后亦不顾在地士绅"破坏风水"的攻讦，力排众议为地方修路，释放当地活力。由此可见他在办教育、破迷信等方面都不是逆时代潮流而动之人。[3]

更重要的是若细读议员撰写的咨文，其中固然甚多迂腐之词，但从前引文可以看出他们至少知道达尔文、斯宾塞、边沁、托尔斯泰等人的学说和思想，同时也不反对一般意义的独

---

1　一青：《攻击陈独秀》，《劳动与妇女》第6期，1921年3月20日，第8页。

2　转见于梁敏玲《清末民初粤东地方士绅与社会变局——以罗师扬（1866—1931）为个案》，肖文评主编《罗香林研究》，华南理工大学出版社，2008，第571页。

3　荫根：《恩中第一任校长伍瑶光》，恩平县政协文史组编《恩平文史》第3期，1984，第27～28页。伍松熙、伍鼎新：《金桥南与桥沙公路》，中国人民政治协商会议广东省恩平县委员会文史研究委员会编《恩平文史》第20期，1989，第67页。

立自治和自由平等，只不过他们不能接受人伦关系和社会秩序
的"根本取消"。这背后其实是两个问题，一个是在激烈趋新
的人物那里达尔文、斯宾塞等人的学说都已属于"过时"学说
和需要重新估价的学说，蒋梦麟就直接说："盲从'物竞天择'
和盲从'三纲五常'的，是犯同一个毛病！"[1]但在不激烈趋新
的人物那里，达尔文、斯宾塞则仍是他们可以凭借的新思想资
源，足见从清末到1920年代所谓新旧之别大多时候不是真正的
新旧之别，而只是新与更新之别。

　　另一个更重大的问题是，当以"五伦"为代表的传统政
教秩序趋于崩坏，一个新的社会凭借什么重新建立起秩序，是
"举吾国而付之一掷"，然后重建秩序？还是需要依托中国既有
文化精神的基础。此正如钱穆所问：中国发展的前路是要"因
人之病而从头绝其生命以为医"，还是"其人虽病，尚有内部
自身生力可以为抗"？[2]

　　第二，在关注新旧之争的同时，还须注意的是新新之争。
以往研究多特别关注陈独秀与以区声白为代表的无政府主义者
的争论文章，同时又会详细描述陈独秀在广州大半年间所做的
拓党、演讲、办报和其他各种活动，因此我们会比较清楚陈独
秀借广东省教育委员会委员长之身份"造势"的一面。但较少
注意他凭借这一身份行事的尴尬一面。

　　1921年3月3日，《香港华字日报》已暗讽说："凡办教育
者，必不可染有政客的臭味，如教育家而兼政客，实足为教育

---

1　《这是菌的生长呢还是笋的生长》（1919年11月），曲士培编《蒋梦麟教育论著选》，
　　人民教育出版社，1995，第144~145页。
2　钱穆：《国史大纲》，商务印书馆，2013，"引论"，第26页。

界之大害"。[1] 这里所谓"教育家而兼政客"正指的是陈独秀，到广州后，陈独秀虽在教育改造、言论鼓吹和组织拓展等方面做了相当多的努力，也有相当成绩，但因其官厅身份在不少地方仍不免尴尬。

一方面，陈独秀名义上的"办教育"和实际并非"办教育"给一般人以强烈心理落差。陈独秀去广州在很多不明内情之人看来是专门去办教育的，当然也会宣传白话文、新文学、标点符号、科学精神等"新文化"。因此，在初到广州的一段时间里，各方排日请陈独秀做演讲。这既是震于其办《新青年》，曾为北大文科学长的大名，又是认为他既有此经历、有此身份，一定对教育有精深研究和独到见解。但正如陈公博所言，陈独秀"本来不是学教育的，对于教育没有很深的理论"，加上他本来不善讲演，与听众又言语不通，因此"多演一回讲，令人多一次失望"。[2]

失望之余，人们进一步发现陈独秀非但不太讲"教育"，连原来他们预期的"新文化"也不太讲，而是大讲对一般人来说实在太过超前的"社会革命"。《晨报》文章即说自陈独秀来广州后，"广东从前之社会主义家与新改变之社会主义家群聚于粤。近月来各处演说，常公然提倡社会革命。且有数报，报上用大字标明'本报目的鼓吹社会革命'"。[3]

---

1 《粤省教育之根本改革谈》，《香港华字日报》1921年3月3日，第3张第4页。《申报》3月10日的文章似源于此，参见平《陈独秀与粤教育界》，《申报》1921年3月10日，第7版。

2 陈公博：《寒风集》，第215页。沈定一就说他在广州理发公会的演说是要有人翻译的，因此"同团的人，对面不能直接说话，气愤和伤心，岂但我一个"。《玄庐在理发公会演说辞》，《劳动与妇女》第1期，1921年2月13日。

3 《社会革命声中之广州》，《晨报》1921年2月7日，第2版。

另一方面，陈独秀和其周边人物虽以一般人不太理解的"社会革命"为号召，但他们理解的社会革命和广州乃至整个广东地区一些信奉无政府主义的知识青年所理解的社会革命又差异甚大。那些知识青年认为"社会革命"的目的在"铲除一切人类的桎梏"。《新青年》《每周评论》等刊物虽是传播新思想的报刊，但都不过是"批评中国旧有的恶文化，范围有限"，读来刺激性较弱。对他们刺激性较强的是《自由录》《民声》《进化》等宣扬无政府主义的秘密刊物。[1] 而且在无政府主义知识青年看来，即使是前述刺激性较弱的话，陈独秀碍于官厅之身份也说得不够彻底，"既不能公开宣传共产，也不好批评政治"。[2] 由此，陈独秀一面难以得到一般民众之认同，他们认为陈氏太新；同时又很难得到更为激进的知识青年的认同，他们认为陈氏尚不够新。从此基点看陈独秀与区声白等人的论争，因"社会革命"目标的乌托邦化而有几分赢了战斗，却输了战争的味道。

如果说以上的新旧之争和新新之争尚在思想论争的范围之中，那么党派之争和饭碗、地盘之争则在实力较量和利益争夺的范围里。先来看党派之争。

早期中共党员王凡西曾说：在 1925 年以前的杭州，多数教员与学生"如果算得上'新人物'的话，多半以新到接受'五四精神'为止。对于德、赛二先生的向背，对于孔子的抨击或崇拜，始终还是这个城里新旧人物的分界线……他们对于当时为数不多的'国民党分子'，虽然不是仇恨的，却是轻

---

1　匡互生：《五四运动纪实》，北京师范大学校史资料室编《匡互生与立达学园》，北京师范大学出版社，1985，第 1 页。

2　陈公博：《寒风集》，第 215 页。

视的"。[1]

这话提示大概到 1924 年国民党改组之前，杭州新人物之间尚是文化人与政治人的分野。与杭州相比，广州的情况可能不太一样。1921 年，广州的新人物大多数已有党派背景，共产国际中共代表团的报告就说："广州的情况与其它地方大不相同……大学生们是同情神秘的无政府主义的，或是受国民党所操纵。"[2] 这种"党派化"一方面体现在广州本地，像在《广东群报》内部，"阵营（也）是相当复杂"。五位编辑里，陈公博、谭平山、谭植棠均有共产党背景。[3] 陈雁声和陈秋霖则始终没有加入共产党，而且陈雁声是国民党而不满意陈炯明，陈秋霖是国民党而同情陈炯明。[4]《广东群报》的编辑群体如此，更不用说广州城内外那些与陈独秀等意见不合，又依附于各个党派的新人物。

另一方面则体现在广州与上海、广州与北京的党派互动与党派联系上。1921 年 2 月、3 月间陈独秀和俄国代表虽屡次召开会议，希望联合区声白、梁冰弦、刘石心、梁一余、谭祖荫等无政府主义者共同建立党的组织，没有成功。谭祖荫虽然在回忆中强调无政府主义者"没有什么组织"，[5] 但其实是有的。而且这是一个无政府主义者的全国性网络，只是当时还不那么严

---

1　王凡西：《双山回忆录》，东方出版社，2004，第 9 页。

2　《广州共产党的报告》（1921 年），中国社会科学院现代史研究室、中国革命博物馆党史研究室选编《"一大"前后：中国共产党第一次代表大会前后资料选编》三，人民出版社，1984，第 12 页。

3　据谭植棠回忆，1921 年 3 月在广州已建立了中国共产党广州支部。《谭植棠自传》（1951年 5 月），《"一大"前后：中国共产党第一次代表大会前后资料选编》三，第 106 页。

4　陈公博：《寒风集》，第 204 页。

5　《谭祖荫的回忆》（1981 年 3、4、6、7 月），《"一大"前后：中国共产党第一次代表大会前后资料选编》三，第 121 页。

密而已。陈独秀在广州的作为，北京的无政府主义者虽不完全清楚，但大致了解，并有相当程度的应对。据北京政府步军总领衙门密探报告，1921 年 2 月北京的无政府主义者已在上海、汉口、广州、南京、河南各处"联络同志"。3 月 11 日黄凌霜、朱谦之等十余人在北京裤褟前街 6 号开会，商量如何联系广东"同志""谋吾党之大集合"，以与"近日恃势攻击，屡与吾党为敌，破坏吾人信用"的陈独秀做斗争。[1]

上述新人物或靠拢无政府主义，或来自国民党，或出自政学系、交通系。他们对引发"万恶孝为首"谣言的"男女同校""女子参政"等具体问题有分歧的态度和多样的意见，在分歧的态度和多样的意见背后其实是纷繁的政争和各式的党见，比如，有些无政府主义者是"一面鼓吹无政府主义，一面为政党作留声机器"。[2]孙中山一系的国民党人和陈炯明一系的国民党人则借各种机会排挤互攻。[3]社会上一般人物未必对此十分清楚，却实际卷入这些论争。他们在其中传播的是"女子无行""男女混奸""伤风败俗"等流言蜚语。这些流言蜚语被别有用心之士有目的性地与陈独秀相联系，引发种种或明或暗的风潮。在风潮里，他们看上去属于新的阵营，其实不少人因党派背景压根就不问新旧，而是以此来浑水摸鱼，从中取利。

"利"是什么呢？除了党派之争中各家孜孜以求的权势上

---

1　中国第二历史档案馆编《中国无政府主义和中国社会党》，江苏人民出版社，1981，第 78、84~85 页。

2　《广东省立第一甲种工业学校全体学生致广州晨报》，《阮啸仙文集》编辑组编《阮啸仙文集》，广东人民出版社，1984，第 24 页。

3　关于此可参看刘娟、袁征《1921 年广东各界"驱陈"始末》，《学术研究》2014 年第 4 期。

升与声光煊赫外，就是实际的饭碗和地盘。此正如《晨报》文章所言 1921 年广东不少学校的风潮"（表面）理由似颇充分，实则内幕完全是新旧问题及地盘、饭碗问题"。[1]

地盘、饭碗问题的发生源自于广东省教育委员会的权力扩张。在陈炯明支持下，委员会首先扩张财权。其一经成立，"所有省城直辖各学校及各机关常年经费暨补助费，自本年（1921）三月一日起一律改由教育委员会汇领转发"。[2]其次扩张人事权。1921 年 4 月 20 日陈炯明公布《中学校校长任免章程》，规定：（1）直辖中学校校长，由教育委员会依组织法任免之。（2）市立或国立中学校校长由各市或各县教育局局长按资格规定，呈请教育委员会委任。（3）凡中学校校长，均以国内外大学高等师范及专门学校毕业生为限。（4）教育委员会对于各市立、县立中学校长，认为不适当时，得令市或县教育局局长，照章另择一人，呈请委任。（5）各市立、县立中学校长，均得任用外县人。[3]

以上两种重要权力扩张后，教育委员会几乎包揽广东教育之财政与用人，且其章程表现得如此"喜新"与"开放"，很难不引起当地旧人的恐慌和反击。陈公博的回忆就说他们"恐慌着将来学校的校长和教员们要换了属于新文化的少年们，生活问题常常可以迫人铤而走险"；何况"广东的教育久已成为他们的地盘，他们为着地盘而战也是事有必至，理有固然的天

1 《广东教育界新旧两派之争斗》，《晨报》1921 年 3 月 24 日，第 2 版。

2 《致广东省教育会会长函》（1921 年 3 月），段云章、倪俊明主编《陈炯明集》下，中山大学出版社，2007，第 589 页。

3 《陈省长公布中学校校长任免章程》（1921 年 4 月 20 日），收入《陈炯明与粤军研究史料》第 4 辑，汕尾市人物研究史料编纂委员会编印，1994，第 495 页。

经地义"。[1]

"为地盘而战"令 1921 年广州学潮此起彼伏，规模较大的即有 3 月广东高师国立改省立学潮、4 月第一甲种工业学校撤换校长学潮、7 月医药专门学校停办学潮。[2]学潮折射着陈独秀携粤籍北京大学学生入广东后，面对着当地盘根错节的复杂人事背景，应付着歧异多变的斗争逻辑。其中大致的历史因果是：陈独秀等既掌握绝大权力，势必要更动盘踞已久的旧日格局。被陈氏更动的校长、董事、教师当然心怀不满、满腹怨怼，更会引发尚未被更动的校长、董事、教师们的兔死狐悲与唇亡齿寒。1921 年 4 月，"甲工学潮"时即有人说："某学务包办派欲夺该校校长一席而有之，遂鼓动该校一部分学生借词反对，务使高（剑父）校长知难而退，以便扩张己派之势力，而渐次入寇高师、法政学校。"[3]

这些被更动和害怕被更动的校长、董事、教师背后或为孙中山，或是陈炯明，还有汪精卫、伍廷芳、唐绍仪等实力人物，由此饭碗、地盘之争往往又牵动政争，遂令整个局面更加扑朔迷离。在此扑朔迷离局面中，纷纷扰扰的学潮为其可见之明晰表象，但陈独秀等多年来擅长的是发动学生，却不太懂得如何收束学生，而一般官民心理多厌乱而好安，总希望学潮早些结束，这则让掌一省教育之权柄，却经常引发学潮，又难以控制学潮的陈独秀多添一层"罪状"。

---

1 陈公博：《寒风集》，第 215 页。

2 这些学校风潮的具体细节可参看刘娟、袁征《1921 年广东各界"驱陈"始末》，《学术研究》2014 年第 4 期。

3 《附：工业学校反对校长风潮之近讯》，《改造日记》（1921 年 5 月 3 日），《阮啸仙文集》编辑组编《阮啸仙文集》，第 23 页。

　　总之，若陈独秀真为一个长袖善舞的"政客"，或可避免仅在广东大半年就被各方驱逐的命运，但陈独秀恰恰不是一个政客，而是一个读书人，且是一个"他永远是他自己"的读书人。[1] 陈独秀曾对胡适夫子自道言："政党的罪恶，我知道的或者比你还多，我的脾气或者比你更不适合于政党，因为我的脾气比你更急躁，比你更不喜应酬，我只喜欢结交革命党人，并无心于普通政党。"[2] 也有旁人评价说："广东政治向来以中饱、纳贿、敷衍为要素，而仲甫独不然，因此各人都感不便。"[3]

　　一个满怀理想又不乏家长独断作风的读书人来到了一个需要交通上下、左右逢源的位置，则各种尴尬和错位必然产生，"万恶孝为首"这样的谣言也就此如影随形。[4]

三

　　"万恶孝为首"谣言的传播和流行除了事关 1921 年广东复杂的人事背景和斗争逻辑外，同时亦有不局限于广东一隅的社会心理基础，形成这种社会心理基础的明晰线索有以下几条。

　　第一条是陈独秀自己和其他人物的不断辟谣，像沈玄庐、

---

1　罗志田：《他永远是他自己——陈独秀的人生和心路》，《四川大学学报》2010 年第 5 期；王奇生：《陈独秀与中共早期革命》，《江淮文史》2018 年第 1 期。

2　《陈独秀致胡适》，胡适日记 1922 年 9 月 25 日条，《胡适全集》第 29 卷，安徽教育出版社，2003，第 764 页。

3　《陈达材致李大钊》，胡适日记 1921 年 5 月 26 日条，《胡适全集》第 29 卷，第 270 页。

4　叶楚伧指出，"他们恨的人不止一个，却又只借陈独秀做由头"，叶楚伧：《告反对陈独秀的旅沪粤人》，《民国日报》1921 年 7 月 28 日，第 1 张第 3 版。

邵力子、叶楚伧等都写过为陈氏辟谣的文章。[1]辟谣虽属应对纷乱谣言的必为之事，但这一篇篇文章也会让谣言传播越来越广，甚至若批驳不到位的话，反而会起到坐实谣言的作用。如1921 年 3 月 21 日《广东群报》发表一篇《陈独秀与康有为的今昔观》的文章，作者竟将名声早已大坏的康有为与陈独秀作比，将陈独秀看作是 20 多年前遭到旧派狂攻的康有为。[2]此虽在私底下勉强可作类比，但公开发表于报纸，实不啻一面向读者证明陈独秀确曾发表过如"万恶孝为首"般"洪水猛兽"的言论，一面又将原极度代表"新"的陈独秀与已成"旧"之代表的康有为相提并论，这种辩护方式实在不算高明。[3]

　　第二条线索是上海娱乐业的推波助澜。谣言甫出一个多月，《申报》上的戏剧广告已经开始利用它来做推销，和平社在笑舞台的广告就说：

　　　　婚姻问题是人生最最切要的问题，什么万恶孝为首、百善淫为先，同"公妻"、"女子国有"等等荒荡话，都是反对新思潮的鬼计。人们千万不可因此忽略婚姻问题。一

1　《陈独秀启事》，《民国日报》（上海）1921 年 10 月 22 日，第 1 张第 2 版，任建树主编《陈独秀著作选编》第 2 卷（1919~1922），第 418 页；玄庐：《你们"公妻梦"还没有醒么？》，《劳动与妇女》第 6 期，1921 年 3 月 20 日，第 4 页；(邵)力子：《辟谣的责任》，《民国日报》（上海）1921 年 3 月 24 日，第 1 张第 2 版；《广肇人反对广肇公所和新文化作敌的信》，《民国日报·觉悟》1921 年 4 月 1 日，第 4 版；叶楚伧：《告反对陈独秀的旅沪粤人》，《民国日报》（上海）1921 年 7 月 28 日，第 1 张第 3 版。

2　李国英：《陈独秀与康有为的今昔观》，《广东群报》1921 年 3 月 21 日，第 2 页。

3　如 1919 年胡适曾言："二十年前，康有为是洪水猛兽一般的维新党，现在康有为变成老古董了。"到 1920 年则有人说："看二十年前的康有为，岂不是维新派的漂亮人物么？到如今人家却当他是老怪物了。"胡适：《新思潮的意义》，《新青年》第 7 卷第 1 号，1919 年 12 月 1 日；侯绍裘：《我们对于社会的贡献》，《问题周刊》第 1 号，1920 年 8 月 1 日，收入《侯绍裘文集》，上海远东出版社，1995，第 12~13 页。

夫一妻，家庭所由起，一家一室，积而成社会。婚姻不
良，家庭、社会、国家又从何良起？中国婚姻制度太专
制，影响到国家很多，所以特地编这本戏来攻击婚制。[1]

第三条线索则和《学衡》主将吴宓的文章所引发的讨论有
关。1922 年 10 月 10 日吴宓在"万恶孝为首"谣言的散布起
点——《中华新报》上发表《新文化运动之反应》一文，提到
"自某氏以'万恶孝为首，百善淫为先'之说倡。新说之盛，风
气之恶，遍国中滔滔皆是"。[2] 吴文发表后，鲁迅在《晨报副刊》
上发表著名的《一是之学说》，署名"甫生"在《时事新报·学
灯》上发表《驳新文化运动之反应》反驳吴文，成为一个备受
瞩目的笔战事件。[3] 这些文章都提到"万恶孝为首"谣言，由此
谣言又一次因笔战事件而备受瞩目。

最后一条线索大概是各种小道消息的口耳相传，乃至连绵
传递成为颠扑不破的历史记忆。1923 年陈独秀自己就发现"父
子成于肉体之乐"这句话被说成是他的发明，而"仇孝""讨
父"之类的话"穷乡僻县居然传到"。[4] 余英时的见闻证明了陈
独秀的印象。余氏第一次听说陈独秀就是因为有人说他曾公开
提倡"万恶孝为首，百行淫为先"，又写过"父母有好色之心，
无得子之意"这两句大逆不道的话。[5]

---

1　《广告》，《申报》1921 年 4 月 23 日，第 8 版。

2　吴宓：《新文化运动之反应》，《中华新报》1922 年 10 月 10 日，第 4 张第 2 版。

3　鲁迅：《一是之学说》，《晨报副刊》1922 年 11 月 3 日，第 3~4 版；甫生：《驳新文化运
　　动之反应》，《时事新报·学灯》，1922 年 10 月 20 日，第 3 版。

4　独秀：《仇孝论讨父会》，《前锋》第 1 期（1923 年 7 月 1 日），第 67~68 页。

5　《谈"天地君亲师"的起源》，余英时著，沈志佳编《余英时文集》第 2 卷，广西师范
　　大学出版社，2014，第 96 页。

在以上的明显线索之外，"万恶孝为首"谣言的流行还有更长时段的暗里伏线。邵力子曾言："陈君不是初出锋芒的少年，他底著作登在《新青年》《每周评论》上的，大家都看见过，他底言论，在北京、上海底学生和朋友，更都听见过。试问哪一处有过讨孝、公妻的主张，哪一个曾听见他讲过这些话？"[1] 邵氏的话当然是对的，但这并不代表《新青年》《新潮》《每周评论》《浙江新潮》《民国日报》等报刊没有给社会大众留下攻击忠节孝义，极力贬低家庭、家族的印象。1919 年陈独秀已直接说《新青年》被旧人物和青年学生一致看作"邪说、怪物，离经叛道的异端，非圣无法的叛逆"。[2] 1932 年傅斯年则说："独秀当年最受人攻击者是他的伦理改革论，在南在北都受了无数的攻击、诽谤及诬蔑。"[3] 到 1936 年，周作人也指出："施存统著《非孝》，而陈仲甫顶了缸，至今读经尊孔的朋友犹津津乐道，谓其曾发表'万恶孝为首'的格言。"[4]

这些说法都提示在"万恶孝为首"谣言出现之前，大众社会心理对于以陈独秀为代表的讲"新文化"人物已有的既定印象。此正如陈旭麓先生所言"谣言为什么会不胫而走，除了人们道听途说的习性外，也因为它有过这样和那样的影踪"。[5] 而这种印象的形成主要和以下因素有关。

第一是《非孝》一文引发的长久影响。施存统所撰的《非

---

1 （邵）力子：《辟谣的责任》，《民国日报》（上海）1921 年 3 月 24 日，第 1 张第 2 版。

2 陈独秀：《本志罪案之答辩书》，《新青年》第 6 卷第 1 号，1919 年 1 月 15 日，任建树主编《陈独秀著作选编》第 2 卷（1919~1922），第 10 页。

3 傅斯年：《陈独秀案》，《独立评论》第 24 号，1932 年 10 月 30 日，第 5 页。

4 《家之上下四旁》，钟叔河编订《周作人散文全集》第 7 卷，广西师范大学出版社，2009，第 422 页。

5 陈旭麓：《浮想录》，复旦大学出版社，2008，第 160 页。

孝》全文今已不存，但其留下的极大影响各种研究都已经注意
到，"非孝"已然成为当时大众看新文化的一个固有面相。而当
"万恶孝为首"谣言出现后，人们很容易将两者联系在一起，
1921年一位浙江温州中学生写的《对于非孝的感想》就把两者
相联系：

> 人伦最重要的条件，就在这个"孝"字……现在的
> 风气，一天堕落一天，道德也一天败坏一天；甚至提倡
> "淫"为百行之首，"孝"为诸恶之源的：这种话头，不但
> 是把数千年来礼经圣人的教训，一旦付诸流水；并且使人
> 类的理性没却，统统归到本能的生活上去，这影响所及比
> 那大禹时候的洪水，猛兽，还要利害些。[1]

到1937年有人做《五四历史演义》，也延续了把两者勾连
的思路：

> 有几个老伙计，却很乖巧，眉头一皱，计上心来，想
> 了个造谣中伤的法子。原来有一个青年和一个杂志编辑发
> 表了几篇"非孝"的文章，对于剥夺青年独立人格的旧式
> 道德"孝"，批评得很厉害，那青年就是史承统，后来做
> 了中学教员，那个杂志编辑就是陈仲甫，后来在广东做了
> 教育厅长。孔家店的伙计，就趁此时造他们的谣言道："史
> 承统写信给他父亲，是称仁兄大人。陈仲甫在广州演说，

---

1　张绍良：《对于非孝的感想》，《浙江十中期刊》第1期，1921年10月10日，第23~27页。

题目是'万恶孝为首，百善淫为先'，这就是文化革命。[1]

第二是自五四运动以来北京大学同人发表了多篇以"万恶之原"来抨击家族、家庭的文章。其中有代表性的有傅斯年发表在《新潮》上的《万恶之原》和李大钊发表在《每周评论》上的"随感录"。如果说李大钊尚指向的是"家族制度"，[2]傅斯年就直指家庭和名教了：

> 更有那些该死的伦理家，偏讲那些治家格言，齐家要旨。请问整天齐家去，还能做什么事？况且家是齐得来的吗？又有人说，这是名教，不可侵犯。还有人说，什么"名教罪人"。"名教罪人"，不可不小心的，其实名教本是罪人，哪里有名教的罪人？名教本是杀人的，哪里有不杀人的名教？[3]

正因为傅斯年的文章如此激烈，日后才有人会错记此文题目《万恶之原》为《万恶孝为首》，说它"反对封建道德，在学校内和社会上曾引起了不少的争论"。[4]

第三个也是最重要的长期伏线在陈独秀本人。一方面陈独

---

1　蔷薇园主编订《五四历史演义》，书目文献出版社，1980，第126~127页。

2　守常：《随感录·万恶之原》，《每周评论》第30号，1919年7月13日，第4版。

3　孟真：《万恶之原》（一），《新潮》第1卷第1号，1919年1月1日，第127页。

4　杨晦：《五四运动与北京大学》，《青年运动回忆录——五四运动专集》第2集，中国青年出版社，1979，第141页。之后不少著作、论文似都随之而错。最典型的是在《评孔纪年》一书中直接说"《新潮》第一期发表《万恶孝为首》一文，在北大校内引起了不少争论，在社会上影响很大"。韩达编《评孔纪年1911—1949》，山东教育出版社，1985，第52页。

秀攻击纲常是由来已久的事，1916~1917 年他就在《新青年》上发表了一批"彻底破坏儒者三纲的等级制度"的文章，如《一九一六年》《吾人最后之觉悟》《孔子之道与现代生活》《旧思想与国体问题》等。[1]其中《旧思想与国体问题》直接说："孟子所谓人伦，是指忠君、孝父、从夫、为人之大伦，试问民主共和的国家组织、社会制度、伦理观念，是否能容这'以君统民，以父统子，以夫统妻'不平等的学说。"[2]据此当时就有人说他为"纲常名教之罪人"。[3]另据女作家苏雪林回忆，正是自 1916 年起，她的国文教员开始在课堂上大骂陈独秀，说他"诋毁孔孟，反对纲常，言词邪说，层出不穷，实为世道人心之大忧，将来必酿神州陆沉之祸"。[4]

另一方面，陈独秀在大众心目中的"私德形象"至晚在 1919 年初已经形成。1935 年，胡适读过汤尔和 1919 年日记后，说他终于"稍明了当日一般人的心理和其背景"。而这"一般人的心理和背景"中很大一个部分就是人们如何"借私行为攻击（陈）独秀"。[5]

再加上陈独秀无论在个人关系层面还是社会认知层面，既是李大钊的战友，又是傅斯年的老师，对施存统和《浙江新潮》在《新青年》上也有过直接的赞扬，说他们的文字"天真

---

1　唐宝林、林茂生编《陈独秀年谱 1879~1942》，第 72 页。

2　陈独秀：《旧思想与国体问题》，《新青年》第 3 卷第 3 号，1917 年 5 月 1 日，任建树主编《陈独秀著作选编》第 1 卷（1897~1918），第 334 页。

3　《传教育弹劾说之由来》，《申报》1919 年 4 月 1 日，第 2 张第 6 版。

4　苏雪林：《我认识陈独秀的前前后后》，《陈独秀研究》第 2 辑，安徽大学出版社，2003，第 321 页。

5　《胡适致汤尔和》（1935 年 12 月 28 日），中国社会科学院近代史研究所中华民国史研究室编《胡适来往书信选》（中），社会科学文献出版社，2013，第 608 页。

烂漫，十分可爱，断断不是乡愿派的绅士说得出的"。[1] 也就难怪不少谣言会张冠李戴，将很多原本不是陈独秀说的话安在他的名下，再也不能辩白清楚。

## 余　论

1917 年"十月革命一声炮响，给我们送来了马克思列宁主义"。[2] 对于这个"送来"的过程，目前有两点是已相对清楚但又需要进一步解释的。一个是在 1921 年前后舶来的"主义"种类繁多、琳琅满目，马克思主义既在各种主义的包围之中，亦在各种主义的竞争之中；另一个是包括马克思主义在内的各种舶来"主义"既具有因中国之道与西洋之道"出于二"而产生的新"合道性"，同时又肩负着在中国"落地生根"的艰巨任务。就陈独秀与"万恶孝为首"谣言这一个案看，其正折射了马克思主义初进中国后面对的这两大挑战。

从前一点来说，20 世纪中国革命的特点是多信仰一种不止于"改朝换代"的"大革命"，多追求一种无所不包的"大革命"。傅斯年即说："所论革命者，不只政治革命，应该概括一切社会的、文艺的，思想的改革而言。本来近代的革命不单是一种政治改变，而是一切政治的、思想的、社会的、文艺的，相互改革，否则革命只等于中国史上之换朝代，试问有何近代意义呢？"[3] 陈独秀也说："革命者，一切事物革故更新之谓也。

---

1　独秀：《随感录》，《新青年》第 7 卷第 2 号，1920 年 1 月 1 日，任建树主编《陈独秀著作选编》第 2 卷（1919~1922），第 156 页。

2　《毛泽东选集》第 4 卷，人民出版社，1991，第 1471 页。

3　傅斯年：《陈独秀案》，《独立评论》第 24 号，1932 年 10 月 30 日。

中国政治革命，乃革故而未更新，严格言之，似不得谓之革命，其它革命，更无闻焉。"[1]马克思主义因有"指向未来"的理想和"普照世界"的理想而有了从各种主义中脱颖而出并占据革命制高点的可能性，但因此也有了建设新伦理的困境。"新的政治决不能建设在旧的伦理之上。"[2]但在旧的伦理被破除之后，新的伦理的建立等对中共来说是一个长期而艰巨的任务。

就后一点说，冯友兰曾言，"历史上每一个革命之后所建设之新社会，常较革命家所想象者，所宣传者，旧得多"，因为"一新底社会之出现，不是取消一旧底社会，而是继承一旧底社会。社会中任何事，如思想、文学、艺术等，均是如此"。[3]本文处理的广州和广东地区就是一个相较上海、武汉等地不太容易改变的"旧底社会"。而从学者对后续广东地方党组织的历史研究看，这种不易改变的韧性相当持久。[4]

综合以上两点，本讲从一个近代思想文化研究的个案揭示了自19世纪末起，因为时代的大变革、新思想文化的介绍和现代化事业的推进，以"忠孝"为表征的传统纲常观念确实逐渐在减削势力。"五四"正为其中一个重要的历史节点，"万恶孝为首"谣言的流行正从社会心理层面证明当时反传统思潮的澎湃。但"五四"之后，马克思主义的历史实践过程表明，改变中国当然是一个除旧布新的过程，也同样是一个"推陈出新"的过程。因此"如何从旧礼教的破瓦颓垣里，去寻找出不可毁灭的永恒的基石，在这基石上，重新建立起新人生、新社会的

---

1　《通信》，《新青年》第3卷第5号，1917年7月1日。

2　傅斯年：《陈独秀案》，《独立评论》第24号，1932年10月30日。

3　冯友兰：《新理学》，《三松堂全集》第4卷，河南人民出版社，1986，第135页。

4　王奇生：《革命与反革命：社会文化视野下的民国政治》，第157~195页。

行为规范和准则",[1]这是五四运动留给我们的疑问，也是中国共产党从 1921 年建党之初就开始应对的问题。也正在这一年，柳亚子曾为诗《自海上归梨湖，留别儿子无忌》云：

> 狂言非孝万人骂，我独闻之双耳聪。
> 略分自应呼小友，学书休更效而公。
> 须知恋爱弥纶者，不在纲常束缚中。
> 一笑相看关至性，人间名教百无庸。[2]

柳亚子与陈独秀都是革命家而兼诗人，其至情至性与纲常束缚常不免激荡冲突，但能不能由此推论"人间名教"乃"百无庸"呢？大概至今仍在探索和实践的路上。

---

1　贺麟：《五伦观念的新检讨》，氏著《文化与人生》，商务印书馆，1988，第 62 页。
2　转引自杨天石、王学庄编著《南社史长编》，中国人民大学出版社，1995，第 587 页。

# 第十讲　谈钱穆与胡适的初见

　　为钱穆回忆录《八十忆双亲·师友杂忆》做些"背景重建"工作是我这几年的一个持续兴趣。随着工作开展，发现其中确实有一些重要问题需要更细致的讨论，推进方式除了钱穆本身史料的拓展外，另一个方式是对中国近代思想文化史研究来说很重要的"对看"。钱穆回忆录里出现了大量人物，大多数在中国近现代史上赫赫有名。他们的史料已经过了学界细致梳理，但仍留存有不少史料可以继续找和重新看。钱穆初见胡适就是一个值得用"对看"方式来再讨论的个案。

　　钱穆与胡适的初见在《师友杂忆》中有生动描述，它一方面鲜活呈现了历史中的一部分场景，对读者吸引力极大，学界也大量引用；另一方面正是钱穆的雄健笔力，让胡适在此事的历史叙述中近乎"失语"。胡适的"失语"导致此事另一部分历史场景模糊不清。笔者所见，就基本史实说，钱穆何时初见胡适至今没有厘清，众说纷纭。这不是一个无关紧要的问题，它直接联系到胡适当时的心境怎样、行为如何解释。另外，胡适在苏州讲了什么，也非常重要，它能够提示胡适演讲时试图传递什么、钱穆听到了什么、理解了什么、胡适的传递与钱穆的理解有无错位等问题。

就历史解释说，此事现在成为讨论两人关系的起点，钱穆在回忆录中提供了胡适对他提问不答、留谈不允，以区区刮胡刀为由急于返沪等细节后，用《战国策》中颜斶见齐王的典故暗示胡适"骄倨"。这种"齐王终不前"的形象一方面当然可能是钱穆即时的心理感受，另一方面更是他从初见胡适到写回忆录时五十多年间对胡的持续性心结的反映。因此从写历史尽量让两造一起发言的要求说，也应通过胡适方面的史料对"齐王"为何终不前做些补充乃至修订。下面先从钱穆何时初见胡适谈起。

一

关于钱穆初见胡适的时间，有一部分研究仅提及此事，未系年。[1]大量研究系于1929年或1930年，[2]有少部分系于1928年。

---

1　郭齐勇、汪学群：《钱穆评传》，百花洲文艺出版社，2010，第12页。

2　汪学群：《钱穆学术思想评传》，北京图书馆出版社，1998，第8页；杨明辉：《钱穆传》，江苏人民出版社，2019，第67页；陈勇：《试论钱穆与胡适的交谊及其学术论争》，《史学史研究》2011年第3期；韩复智编《钱穆先生学术年谱》第1卷，中央编译出版社，2012，第209页。

罗义俊在《钱宾四先生在苏州中学》一文中精确系于 1928 年 5 月25日上午9时，并提示胡适的演讲题目为《我们的生路》（以下简称罗文），但罗文并未标注出处，所以不知何据。[1] 徐国利则将二人初见的时间系于 1928 年秋。[2]

依照罗文提示，笔者找到了胡适在苏州中学（以下简称苏中）的演讲稿——《我们的生路》，《苏中校刊》上有一份相对完整的记录稿，在《兴华》杂志上有一个缩略版本。[3] 登载演讲词的两份刊物都出版于 1928 年 3 月，因此在排除杂志实际出版与标注出版时间不符的可能性后，胡适的苏中演讲不会晚于 1928 年 3 月。

再据《师友杂忆》云："苏州女子师范请胡适之来演讲。翌晨，转来苏中演讲"和苏中演讲词中胡适提及"昨天在怡园里"，以此为线索可进一步精确时间。"苏州女子师范"的确切名称是苏州女子中学（以下简称苏女中），[4] 胡适在 1928 年 2 月和 4 月在苏女中都做过演讲，前文考证可先排除 4 月，若能确定 2 月胡适在苏女中演讲的精确时间，则可推出胡适在苏中演讲的精确时间。这里的相关史料有：

（1）据耿云志著《胡适年谱》云 2 月 24 日胡适"偕祖望到苏州，三十小时内演说了六次"，2 月 27 日回到上海。[5]

---

1　罗义俊：《钱宾四先生在苏州中学》，中国人民政治协商会议、江苏省苏州委员会文史资料研究委员会编《苏州文史资料》第 16 辑，1987，第 127 页。

2　徐国利：《一代儒宗——钱穆传》，湖北人民出版社，2011，第 52 页。

3　胡适讲，陆长康、潘应祺记《我们的生路》，《苏中校刊》第 1 卷第 1 期，1928 年 3 月 1 日；石英：《我们的生路：纪胡适之先生在苏州中学的讲词》，《兴华》第 25 卷第 9 册，1928 年 3 月 14 日。

4　钱穆称"苏女中"为"苏州女子师范"或是因为 1932 年苏州女子中学遵令改办师范，易名苏州女子师范学校，这又是钱穆记忆混叠之一例。

5　耿云志：《胡适年谱（1891~1962）》，四川人民出版社，1989，第 164 页。

（2）据《字林西报》（*The North-China Daily News*）报道，胡适2月23日到苏州，计划做一系列演讲，2月27日从苏州回上海。[1]

（3）据《晶报》消息，胡适在苏女中演讲的时间可明确系于2月24日，演讲词记录稿见于《苏州女子中学校刊》。[2]

根据以上史料，钱穆与胡适初见时间应是在苏女中演讲的第二天即1928年2月25日。笔者本怀疑罗文所说的5月系误植，但观罗氏其他文章均系于5月，可证并非误植。[3]罗文的失误或缘于胡适在1928年5月下旬在苏州又有演讲，《胡适年谱》云："5月27日，到苏州讲演，当日归。"这场演讲在苏州青年会做，《民国日报·觉悟》和《苏中校刊》也都有过记录稿，《申报》消息提供了演讲的明确时间。[4]

确定了胡适的苏中演讲时间后，还留下了一连串问题有待落实，如胡适在苏州的行程安排如何？究竟逗留了多久？见了哪些人？这些问题的答案在前引史料里不乏矛盾之处，笔者本也以为是说不清的问题，幸运的是，《民国日报》的一则新闻给我们提供详细回答：

> 胡适之博士应苏州女中校长陈淑之约，于前日（廿四）上午来苏，下车后，即由苏州关监督史泽宣招待进城，至尚书里顾氏怡园设宴洗尘，有邑人张一麐、张一鹏

---

1　*The North-China Daily News*，1928年2月24日，第12版；2月27日，第14版。

2　妙英：《胡适之演说做贼》，《晶报》1928年2月27日，第2版；《胡适之博士演讲录》，《苏州女子中学月刊》第1卷第5、6期合刊，1929年6月1日。

3　罗义俊：《钱宾四先生传略》，中国人民政治协商会议江苏省无锡县委员会编《钱穆纪念文集》，上海人民出版社，1992，第277页。

4　胡适讲，王君纲记《科学的人生观》，《民国日报·觉悟》1928年6月1日、2日，第2版；胡适讲，许自诚记《科学的人生观》，《苏中校刊》第1卷第8期，1928年6月15日；《胡适博士讲科学的人生观》，《申报》1928年5月29日，第10版。

及苏中、东吴大学各校长陪坐。席间胡博士未有演说。席散后即至苏女中演讲，并未宣布讲题，讲词大致注重女子应求真智识、真学问，尤宜注重道德，讲解异常透彻，历一小时许，始行完毕。是晚由陈校长与苏中汪校长公宴。昨日上午九时，在苏中高中部演讲，十时半在天赐庄东吴大学约翰堂演讲。十一时后，偕陈校长等乘汽车赴光福，作邓尉探梅之游。闻博士在苏勾留一星期，即行返沪云。[1]

综合以上史料证明了五件事：（1）胡适苏中演讲的时间可敲定在 2 月 25 日；（2）胡适是 2 月 24 日而非 23 日来到苏州；（3）胡适未如《师友杂忆》所说 25 日当天午后即返沪，但也没有"勾留一星期"，而是 27 日回到上海，在苏州前后共 4 天；（4）《师友杂忆》中说 25 日下午在拙政园游玩，《民国日报》新闻中则说一行人去了光福镇香雪海胜景赏梅。考虑到《师友杂忆》中有"送至火车站"等众多细节，胡适、钱穆等人应是在 27 日下午同游拙政园，著名的"刮胡刀"典故发生在此时。（5）将新闻稿和演讲稿对照，提醒我们若光看新闻稿的叙述，而不细读演讲稿，胡适究竟讲了什么是不太能够准确把握的。

## 二

胡适在苏中的演讲时间不仅关乎日期，更是理解胡适在苏州演讲内容和厘清钱穆与胡适初见之氛围的起点。一个基本背

---

1 《胡适之来苏演讲》，《民国日报》1928 年 2 月 26 日，第 2 张第 2 版。

景是初步尘埃落定的"国民大革命",胡适在苏女中就提道:

> 我在前年十五年七月出去到十六年回来,在外国有十个月的时候。回来感觉得有很大的变迁。政治上的变迁在报上可以看见。北伐军一天一天的北进,战争和疆土上,以及对外对内的变迁在报上也都能见到。[1]

"国民大革命"是辛亥革命之后胡适亲历的第二次"改朝换代"式的巨变(对钱穆也是一样)。胡适虽然没有赶上它的上半场——否则就不会只依仗报纸谈革命带来的变迁,但深深卷入了它的下半场,苏中演讲时正是这下半场的开端。所谓"开端"对胡适有两方面意涵。一方面,他虽然几乎未对"清党"发表过公开的正式评论,但无疑也受到了"白色恐怖"的刺激。[2]直接的刺激是"清党"过程中青年们的斑斑血污,间接还有两个锥心处,一个是对同道中人"怂恿杀朋友,开口骂朋友"的痛心,特别是吴稚晖致信怂恿杨虎杀陈延年一案,他是"中心耿耿,不能释然"!另一个是对国民党推行"党化教育"的不能附和。[3]

但另一方面也需注意到在 1928 年 2 月这个时间点上胡适与吴稚晖虽然因陈延年一案心有芥蒂,但未到直接翻脸的程度(达到这一程度是在 6 月)。3 月 6 日胡适在给吴稚晖的信里说

---

1 《胡适之博士演讲录》,《苏州女子中学月刊》第 1 卷 5、6 期合刊,1929 年 6 月 1 日。

2 罗志田:《再造文明的尝试:胡适传(1891—1929)》,中华书局,2006,第 321 页。

3 《吴稚晖致胡适》(1928 年 3 月 4 日),中国社会科学院近代史研究所中华民国史研究室编《胡适来往书信选》上,社会科学文献出版社,2013,第 336 页;《胡适致蔡元培》(1927 年 10 月 24 日),《胡适来往书信选》上,第 322 页。

的是"想起了先生在沧洲的谈话,以后颇能谅解"。[1]同时国民党"党化教育"在这时也未全面铺开,在苏州的全面铺开大致是在 1929 年底。

在这样的时事背景和心理状态下,胡适 2 月在苏中的演讲颇有一些可讨论玩味之处,以下略陈之。

胡适在苏中的演讲题目叫《我们的生路》。这篇演讲词的位置处在胡适另两篇文章的中间点。它相较 2 月 1 日胡适在省立无锡中学做的演讲要激烈不少,[2]相较 6 月他为《中国问题里的几个基本问题》一书写的序言——《请大家来照照镜子》(以下简称《照照镜子》)又要平和一些,同时这三篇文章的关系是两篇演讲词为口头发表,它们为公开文字发表的《照照镜子》提供了基本观点和论证资料。关于无锡中学演讲我们在第三部分做一些讨论,这里先看《照照镜子》。

《中国问题里的几个基本问题》由美国驻华商务参赞安诺德(Julean Arnold)所著,杨鸣时翻译,商务印书馆发行。此书本身是一本薄薄的小册子,无多少内容,胡适不过是借序言发挥。这一次的发挥又展示出胡适文章在案头和口头的差异性。和他 1920 年发表的名文《中学国文的教授》一样,《照照镜子》亦是"案头"的激烈程度超过了"口头"。[3]

如在《我们的生路》里胡适讲道:

> 我们自己要反省,要自己责备自己。近十年来,在我

---

1  《胡适致吴稚晖》(1928 年 3 月 6 日),《胡适来往书信选》(上),第 338 页。

2  仞千:《胡适之先生漫游回来的感想》,《生活》第 3 卷第 14 期,1928 年 2 月 19 日。

3  可参看瞿骏《新文化的"到手"与"入心"》,《文汇报·文汇学人》2016 年 8 月 12 日;杨烜《口头与案头之间:不同版本的胡适》,《上海书评》2017 年 3 月 28 日。

们的中国，实在是一个极剧变的时期，用直接的态度去观察，觉得我们样样都不行，样样都不如人家，思想不如人家，哲学不如人家，文艺美术不如人家，道德宗教不如人家，还有铁路，兵力，一切都不如人家。[1]

在《照照镜子》里有类似但更直白的话为：

> 这种急需的新觉悟就是我们自己要认错。我们必须要承认我们自己百事不如人，不但物质上不如人，不但机械上不如人，并且政治、社会、道德都不如人。

强调"百事不如人"之后，胡适新加的话更引人注目：

> 不要尽说是帝国主义者害了我们。那是我们自己欺骗自己的话！我们要睁开眼睛看看日本近六十年的历史，试想想何以帝国主义的侵略压不住日本的发愤自强？何以不平等条约捆不住日本的自由发展？
>
> 何以我们跌倒了便爬不起来呢？

显然相较 2 月在苏中的演讲，在 6 月公开发表的文字里，胡适的话更直接地挑战了当时政府的言论尺度与大众普遍心理，究其原因很大一部分是胡适 6 月的心情与 2 月的心情有所不同。《照照镜子》写于 6 月 24 日，就在 9 天前即 6 月 15 日，

---

1　胡适讲，陆长康、潘应祺记《我们的生路》，《苏中校刊》第 1 卷第 1 期，1928 年 3 月 1 日。

在南京召开的大学委员会上，胡适因反对将北大改名为中华大学，同时反对任命李石曾为校长，被吴稚晖直指为"反革命"。胡适对此事"至为不快"，这一点清楚地反映在他 6 月 27 日给蔡元培的信中：

> 当时我已十分忍耐，故虽被（吴）稚晖先生直指为"反革命"，亦不与计较，但日后我决不会再列席这种会，因为列席亦毫无益处，于己于人，都是有损无益。吴先生口口声声说最大危险是蜀洛党争，然而他说的话无一句不是党派的话，这岂是消弭意见的办法吗？我虽没有党派，却不能不分个是非。我看不惯这种只认朋友，不问是非的行为，故决计避去了。既已决心不出席，留此名义何用？此为最后陈述，亦不劳先生赐复。[1]

正因胡适此时心情极不佳，所以从《我们的生路》到《照照镜子》他措辞的激烈化不止前文一处，如在《我们的生路》里又曾言：

> 我们的老前辈，清末的时候，他们何等的胆大，著《二十年目睹之怪现状》，《官场现形记》，把社会的秘密揭穿，自己承认自己的错，比了我们这班青年，夸大狂的青年，高明得多。

在《照照镜子》里与之相似的话为：

---

1 《胡适致蔡元培》（1928 年 6 月 27 日），《胡适来往书信选》上，第 347~348 页。

二三十年前，居然有点悔悟了，所以有许多谴责小说出来，暴扬我们自己官场的黑暗，社会的卑污，家庭的冷酷。十余年来，也还有一些人肯攻击中国的旧文学、旧思想，旧道德宗教，——肯承认西洋的精神文明远胜于我们自己。

在其后胡适更是加上了：

但现在这一点点悔悟的风气都消灭了。现在中国全部弥漫着一股夸大狂的空气：义和团都成了应该崇拜的英雄志士，而西洋文明只须"帝国主义"四个字便可轻轻抹煞！政府下令提倡旧礼教，而新少年高呼"打倒文化侵略！"

可注意的是，胡适之后陆续有好几篇以"路"为基本意象的文章和演讲词，如 1930 年的《我们走那条路》，1932 年的《我们应走的路》，足见苏中演讲是胡适的持续思考的一部分，而 1928 年前后胡适这种关于中西文明尤其是如何认识西方文明的持续思考确实达到了一个高潮，材料极多，也极显著。

## 三

1930 年春，胡适收束《胡适文存》第三集，其中第一卷的几篇文章据胡适说可以代表他过去几年"对于国中几个重要问题的态度的文字"，而这几篇正好都与中西文明问题有关。分

别是 1926 年 7 月发表的《我们对西洋近代文明的态度》，1926
年 8 月、10 月所写的《欧游道中寄书》，1927 年 8 月~9 月发
表的《漫游的感想》，1928 年 7 月发表的《名教》和前文所引
的《照照镜子》。[1] 这批文章的基本态度可以用胡适在苏中演讲
10 天后给吴稚晖的信中的话来概括：

> 我至今还深信物质文明的进步尚有我们绝对梦想不到
> 的，德国近来运用水力来补充鲁尔煤田被占后损失的摩托
> 力，海上的潮与高地的湖都成了绝大的力源，便是绝好的
> 例……我重到了美国，略观十年中的进步，更坚信物质文
> 明尚有无穷的进步。[2]

正因胡适在这段时间对"西洋文明"（他常概括为汽车文
明，吴稚晖则好说摩托文明）的关注在公开场合与私下往还
里多有表现，[3] 所以 1927 年已有人说："胡君极端崇拜科学，醉
心西方物质文明者也。"[4] 1928 年 11 月，戈公振特别将《朝日
新闻》的社论简报寄给他，因为社论述及"左右对西方文明

---

1　1928 年 12 月亚东图书馆初版《胡适文选》，此书为《胡适文存》三集中选出 22 篇的
　　"精编版"，其中第三组的三篇文章关于"论中西文化"，它们是《请大家来照照镜子》
　　《我们对于西洋近代文明的态度》《漫游的感想》。胡适：《介绍我自己的思想——〈胡
　　适文选〉自序》，收入季羡林主编《胡适全集》第 4 卷，安徽教育出版社，2003，第
　　666 页。
2　《胡适致吴稚晖》（1928 年 3 月 6 日），《胡适来往书信选》上，第 337 页。
3　当然"这段时间"有较长的伏线，也有胡适在不同场合表达的差异。如 1923 年胡适对
　　王国维的表述是"我对此事却不悲观，即使悲观，我们在今日势不能不跟西洋人向这
　　条路上走去"，曹伯言整理《胡适日记全集》，1923 年 12 月 16 日条，台北，联经出版
　　事业股份有限公司，2004，第 199 页。
4　耿云志：《胡适年谱》，第 161 页。

之主张"。[1]

清楚了胡适这一面的情况，我们方能理解钱穆那一面与胡适的错位。在《师友杂忆》里，钱穆自承初见胡适时有一事做得不妥，即以僻书相询，其云：

> 余时撰《先秦诸子系年》，有两书皆讨论《史记·六国年表》者，遍觅遍询不得。骤遇适之，不觉即出口询之，适之无以对。[2]

若这段话只从钱穆的语境讨论，基本已无剩义，但了解了胡适演讲（苏中演讲和苏女中演讲）的内容以及胡适在那个时间点上关切的中心，二人之间的问题大概就不只是出在钱穆"以僻书相询"上，而是说明了胡适来苏州是要谈"我的一点主张"，但钱穆对他的期待却是来谈"治学方法"。[3]对此我们可以比较胡适 2 月 1 日在省立无锡中学的演讲和 2 月 25 日的苏中演讲。

在无锡中学演讲中胡适只是问："中国人却仍旧守着旧法，难道以人当牛马，也是精神文明的所在吗？"但到苏中演讲他已明确说"最近吴稚晖先生，他还有进一步的建议，请一位道德 Moral 先生出来。我们知道西洋的道德，实在比东方无论何国都高！"在无锡中学演讲中，胡适只说"应当自己认错，不要夜郎自大，自作骄傲"，但到苏中演讲他强

---

1　《戈公振致胡适》（1928 年 11 月 19 日），《胡适来往书信选》上，第 357 页。

2　钱穆：《八十忆双亲·师友杂忆》，第 140 页。

3　《〈胡适文存三集〉自序》，欧阳哲生主编《胡适文集》4，北京大学出版社，1998 版，第 5 页。

调："天下惟有伟大的民族，肯学人家，敢学人家，能学人家……惟有不长进的国家，不肯学人家，不敢学人家，不能学人家！"[1]这些措辞的差异都说明了胡适到苏州演讲的根本目标是什么。

因此对钱穆"以僻书相询"或许胡适会有小小不快，毕竟一事不知，儒者之耻。但胡适的苏州之行是为长子祖望日后读书与"启蒙"学生而来，而不是为寻觅知心学友，讨论治学方法而来。况且此时他也没怎么读过钱穆的东西。无论是向钱穆出示陈天一来信，还是临别留下通信地址都是胡适表示自己礼下士的周到之举，但不证明此时他对钱穆学问的认同，进一步说，即使苏中校长汪懋祖在胡适心中也未必是可以与谈学问之人。

在钱穆这里，他的举动实反映出其内心与胡适论学切磋的渴望和终于亲晤名人的短暂失措。这种渴望与失措本已让他不安，何况胡适在演讲中对西洋文明是如此"颂扬"，把中国判定为"样样不如"。对于胡适的"样样不如"论，日后即使是以"西化"著名的殷海光亦指出："显然得很，在事实上，西方近代文化并非事事比中国文化'好'，中国文化也并非'百不如人'。"[2]从殷氏的观感可以推想不那么"西化"的钱穆听完胡适演讲后内心是什么感觉。

因此钱穆在《师友杂忆》中对胡适苏中演讲的内容只字未提。只字未提不是因为他淡忘了，反而可能是因为有太深刻的

---

1　胡适讲，陆长康、潘应祺记《我们的生路》，《苏中校刊》第1卷第1期，1928年3月1日。

2　殷海光：《中国文化的展望》，中国和平出版社，1988，第371页。

印象。[1] 否则他就不会说："适之既不似中国往古之大师硕望，亦不似西方近代之学者专家。"[2] 尽管钱穆没有在回忆录里记录胡适的那次演讲，但在其他著述里他持续回应、讨论过胡适在那次演讲里提出的问题：中国文明和西洋文明究竟谁优谁劣？如何能够再造我们的文明？

综上，对《师友杂忆》中描述的钱穆与胡适的初见，目前有几个初步的修订性结论可以提供。

从双方心理说，钱穆在回忆录中所记之事至多是二人未能相契相投的一部分原因。根本原因是二人在你之表现与我之期待上的严重错位，引发此种错位的源头是二人对中西文明的基本态度和尺度。

从刮胡刀一事说。胡适的回沪日期可敲定在 27 日，若拙政园之游也在 27 日，则当时他已外出 4 天，从胡适重视仪容的性格考虑（他对这方面的重视有各种证据，如对陈寅恪穿着的评论），忘带刮胡刀而急于回沪情有可原。汪懋祖建议的刮胡刀可借、可购云云并不现实：若在苏州选择购，可能买不到胡适惯用的牌子；若选择借，则可能不符合胡适早已西化的卫生习惯。[3]

---

1　这里或需注意钱穆对胡适演讲能形成"深刻印象"有层累的因素。1930 年末胡适在《介绍我自己的思想——〈胡适文选〉自序》中把"样样不如"论又重复了一遍。这次的表述是"我们必须承认我们自己百事不如人，不但物质机械上不如人，不但政治制度不如人，并且道德不如人，知识不如人，文学不如人，音乐不如人，艺术不如人，身体不如人"。此文钱穆应也读到过。参见季羡林主编《胡适全集》第 4 卷，第 667 页。

2　钱穆:《八十忆双亲·师友杂忆》，第 141 页。

3　张闻天即在小说中提到新式的安全剃刀要在重庆的"外国药房"才能买到，且价值不菲，要"五角大洋"。且以胡适之忙，哪里有时间到苏州城内去逛"外国药房"。张闻天:《周先生》（1925 年 6 月 9 日），张闻天选集传记组、张闻天故居、北京大学图书馆编《张闻天早期文集　1919.7~1925.6》，中共党史出版社，1999，第 593 页。

最后，钱穆初见胡适后的心情是否真如《师友杂忆》中所表现的那么沮丧也可以说得更有分寸。1928 年夏，钱穆应苏州青年会邀请做关于《易经》的演讲，不少研究把此事置于他与胡适初见之前（这是受了《师友杂忆》叙述顺序的误导），本文已证明是在两人初见之后。这一时间先后的厘清可说明钱穆与胡适的初见虽然并不投契，但远未到《师友杂忆》中的程度。在关于《易经》的演讲里钱穆未提其他当世著名人物，独独提到"我们现在借用近人胡适之先生所称'剥皮的方法'"，就是一个好证。[1] 之后，顾颉刚又在信中提到傅斯年延揽钱穆入北大的一大原因是胡适的推荐。[2] 而从钱、胡的来往信件看，二人至少在 1930 年代初关系还相当不错。1931年钱穆曾为《先秦诸子系年》向胡适索序（但终于未写），并说"暑中倘蒙示教，请寄苏州西花桥巷二十八号"。[3] 足见二人初见时钱穆虽未必很愉快，但在一段时间内因各种因缘两人还是建立起了一定联系。

不过，在 1928 年钱穆经历了妻殁、儿殇、兄亡的三丧之痛，在日后的回忆里这一年决不会让钱穆舒心，与胡适的初见也是这年不舒心里的一个小小部分，且随着日后与胡适的矛盾日深而渐放大。因此《师友杂忆》中钱穆笔下的胡适乃是由当年的小小不快与半生的累积宿怨扭结而成，而胡适大概仅知宿怨，但根本不知最初的嫌隙从何而起。钱与胡有诸多人生交

---

[1] 钱穆:《易经研究》,《苏中校刊》第 1 卷第 17、18 期合刊，1929 年。亦可参看金蕴琦编《暑期学术演讲集》，1929 年自编本。

[2] 《顾颉刚致胡适》(1931 年 3 月 18 日),《顾颉刚书信集　卷1》，中华书局，2011，第473 页。

[3] 《钱穆致胡适》(1931 年 5 月 17 日), 耿云志主编《胡适遗稿及秘藏书信》第 40 册，黄山书社，1994，第 243 页。

集，又处于同一历史环境之下，互知仍是甚难。吾等生也晚，读此岂不慎乎？

## 附　本讲相关的胡适的两次演讲 *

### 我们的生路

胡适之演讲　陆长康、潘应祺记

**汪主席介绍辞**　屡次请名人演讲，终没有今天的热烈兴高，因为今天我们实在接到了一位"才神"，无怪各位都如此热烈。从前希腊，本有什么智神啊！和平之神啊！……等等，照今天说，我们也可以说：接到了一位才智之神，这才智识之神临到此地，就可以救济我们知识的饥荒，我们自救的途径。至于胡先生的学问，思想，在近几十年所占的位置，本用不着我介绍，你们都读过他的著作，受过他思想的陶冶的，最近胡先生第二次环游世界回来，他所考察的结果，一定可以尽量的告诉吾们。

今天要讲的题目，是汪先生出的，就是《我们的生路》。

什么叫做生路？我们的生路，究竟是什么？路究竟走差了没有？在个人方面，在团体方面，在国家方面，无论什么方面，总有一条出路，但是这条路走得通？走不通？怎样走法？我还没有去找过，所以今天讲题的好不好，是汪先生的责任，讲的好不好，是我的责任。在现在的中国说起来，所走的路，实在比较的不是开倒车者，像吴稚晖先生，蔡元培先生都说过。我呢？今天也不过把许多先生及许多朋友的意见贯穿起

---

\* 两篇演讲皆当时的学生刊物，为原貌呈现史料，一些与现在用法不同的字词均予保留。原文中用错的字、词亦保持原貌。

来。再加些我的思想作一个说明。

简单的说：我们自己要反省，要自己责备自己。近十年来，在我们的中国，实在是一个极剧变的时期，用直接的态度去观察，觉得我们样样都不行，样样都不如人家，思想不如人家，哲学不如人家，文艺美术不如人家，道德宗教不如人家，还有铁路，兵力，一切都不如人家。吴稚晖先生说："我们中国人往往自夸道德是最好的，仔细算起来，吃饭不像吃饭，走路不像走路，着衣不像着衣，这样就算道德的总和。"说起吴老先生，是南菁书院出身的，是旧学很精的。诸位知道他说的是什么意思啊？为什么要如此说啊？吴先生再说：——"西洋的民族，是算账的民族，他们的道德，无论如何，终要比我们高，他们的忠孝仁义，也都比我们好。"这几句话，实在多方面的感觉到自己的不好，实在是反省的最好的态度，受到了自己良心的责备，因为我们的现在，非但物质不如人家，还感觉到政治的腐败，社会的黑暗，我们总要自己能责备自己，不要去责备旁人。

昨天在怡园里，同张仲仁先生说起，我问他们道，在现在的中国，究竟有什么比人家好的没有？他也问我。但究竟想不起什么？在外国，有一回，碰到了郭秉文先生，偶然也互相问着，"中国究竟有什么比人家好的呢"？郭秉文先生说：吃饭比人家好！打麻雀比人家好！着衣似乎比人家舒服些！此外——没有了。咳！嫖赌吃着，本是社会中的不良现象，我们现在得了三个。还有谈到家庭制度方面，我昨天还问张仲仁先生说："张先生，中国家庭是不是比西洋好"，张先生答，"恐怕别人家的要比我好一点呢"，我这样的问人，人家总是这样的答我，究竟那一个人的家庭是好的呢？自夸这种制度的好，实在都是骗人，自杀，不讲人情，要把人的位置，压迫、压迫、压迫、压迫，一直的压迫下去。从前张公义九世同居，当时唐高宗知道了去访他，——他本是山东人——他已很老了。一声不响地，但写了一百个忍字进于高宗，他的意思就是说我的能够九代不分家，就是"忍耐"的一件事。但是为什么要忍耐？忍耐些什么？博面子罢！博虚名么！咳！一百个忍字，实在是一百种的痛苦，一百种罪恶的总和，就是对人说：羞耻，你也要忍耐的，不道德，你也要忍耐的，一切都要忍耐的。忍字是这样的一个字，实在是无穷痛苦之源。你看，家庭之间往往有为了二枚铜元，妯娌之间闹得天翻地覆，吞火柴哩，吞鸦片哩，细细观察，或者实际生活上，实在是无可忍耐之余地。所以表面上家庭的好，是不算数的，要讲求实际生活，这才是我们正正的生路，精神上可以得到一种快活。假使一个人还是这样的老脸自称，说我们中国是精神文明啊，你们这一班物质文明的，总及不来我们，那也没有办法。你看，我们的老前辈，清末的时候，他们何等的胆大，著《二十年目睹之怪现状》，《官场现形记》，把社会的秘密揭穿，自己承认自己的错，比了我们这班青年，夸大狂的青年，高明得多，所以我们要有一种责任，要有一种态度，要有一种办法，充分的准备着，依他们物质主义的路走去，自己承认不如人家，就要回头走他们的路，——物质文明的路——不然，那末亡国！灭种！是无办法的。吴稚晖先生说："把所有的中国书一起抛去，快提倡些干燥无味的西洋文明，物质文明"。现在想来这句话实在不差，因为实在觉得自己的路，走不通了。看了人家的路走得很好，我们不妨也走一下子，不要以为这是模仿人家，是不好的，然而也有两个好处。

一、模仿是创造者唯一的出路，譬如一个画家，他起初的时候，不是生而能画者，他必定先照一株梅的形态，画一株梅树。或者是一棵芭蕉等等的实质供他的模仿，然后可以画出来，等到基础打好了，然后天才可以自由的表现，譬如学音乐，必定要练习的熟，然后可以发生出巧音。来表演他的个性。

二、天下惟有伟大的民族，肯学人家，敢学人家，能学人家。这句话，我实在确切地敢说，因为天下惟有不长进的国家，不肯学人家，不敢学人家，不能学人家，即以中国和印度而论。二千年前，已互相交通，中国的学印度，可谓至尽矣，凡哲学方面，宗教方面，文艺方面的书籍，统计翻译有四千种之多，印度本是低等民族，为什么要翻译他们四千多种的书呢！所谓肯学，敢学，能学，而中国这二千年中的思想，因此也受了种种影响，反转来看，印度学我们，学到怎样地步，唐太宗教人把老子的《道德经》翻了出来，现成送给印度他们还不要！还有造纸的法子，在后汉时已发明了后传于阿拉伯人，再传于基督教徒，使全世界都发生一种影响，但是印度呢，还是用贝叶写的居多，直到基督教侵入以后，方想着用了，还有发明印刷，也是中国最早，在西历八七〇年，中欧埃及等已影响到，然而对于印度没有发生一些什么影响，所以只有不长进的民族和国家，不肯去学人家，不识人家的高在何处！长在何处！然而要学人家还得明了自己，把吾们认为证据的，尽可依着去做，依着去模仿。照上面二点说，模仿实在不是坏的。

极端的左派是陈独秀，李大钊，他们的思想我们也知道。极端的右派就是著《东西文化及其哲学》的梁漱溟先生。他们的思想，实在可以说比吾们高。十年前，他们讨论，我们的生路有两位先生，可以指证，一位是赛先生 Science，一位是德先生 Democracy，以为惟有这两条路，才是我们的生路。而民国九年，梁先生所做的哲学书里，他曾经也同样得到这个结果。简单说：这实在是不错的。我们知识幼稚，思想幼稚，在中国几个人可以算得是思想家的？所以有以打倒知识阶级号召者，实则够不上一打。我们一切不如人家，有何智识阶级可打？！现在讲赛先生就是。

一、科学 Science，它的精神，是用人指挥着的，用正式的方法，合理的精神，发现自然的秘密，发现自然界的真理，来满足人的欲望，来求自己的幸福，求自己权利。美国，爱迪生他是一位科学家，至今八十岁还健在，他发明了不少的东西，给我们享用，但他生活却很简单，他虽年老，而尚在试验室里试验，有人问他你已年老，为什么要如此，他说：我想再替人类多求一些幸福，增加一些权利。咳！此种精神，实不可及，我国的庄子曾说："我生也有涯，而知也无涯，以有涯随无涯殆已"，这真笑话，叫我们不要求智，那末去打坐么？做和尚么？装罗汉么？这真是懒惰的民族。有一次在什么地方桥下，我也曾经见过一个道士，皮包了骨，呼吸些微的空气，不吃不动，以为修炼，这从何说起？我们晓得人之所以为人，就在两只手，一个脑袋，生了手，生了脑袋不用，去做什么？求仙么？做鬼呢！西洋的所以有这文明——物质文明，实在靠了两只手，一个脑袋，能尊重自己，能发现自己，找出机械来，替人生提高位置，征服自然，利用自然，求真理，求幸福，他们何尝不知庄子的说法，但他们并不灰心，逐渐向前，二千五百年前，希腊有位科学家，为了一个力学上的问题，常盘旋在脑中，最后洗澡时，投身入盆，水满，他从此悟了比重之法，于是赤身裸体的跑到街上，说找到了。找到了（Enrepa）简直像发疯一样。我想，这样的快活，比无论什么都要快活，至今美国的某相的旗上，还写着这样的字。又比方小孩学算，今天先生出了十个题目，他假使完全做到了，他必定也欢喜的了不得，然而还没有知道明天还有十题，后天还有十题，一天天做不完的。我们做人，也不过如此罢了，如果不要求知，那何不死了呢，不从这一点上去着想，逐渐逐渐的走去，还高唱什么人生观，简直可以说：求人死观去。这是西洋文明重要的一点。

二、民治精神 Democracy，也可以说他是社会化的精神 Socialism，我们知道哥伦布，麦哲伦，是世界的发现者，但是他们的起初，也不过一个海盗，出去打劫的，因为他们出去东冲西冲，要寻香料，商品，就得到美洲，养成一个中等阶级的人，遂逐渐夺取贵族阶级的权柄，由海盗一变而为君子，渐影响于人，更影响于多数人，所谓逼上梁山者也。结果民治精神即基于此。现且举几点来说：中国现在不是唱女子解放么？男女平等么？然而即以缠脚一项而论，实在女子所受的痛苦到极点，男子之残忍亦到极点，你想！人类之一半——女子——把她好的脚，弄到血流干了，剩了骨柴了，裹起了袜，着起了红绣鞋，算他是美，诗人吟咏他，文人恭维他，我想：这是我们东方的文明么？然而智识阶级，二千年以来的智识阶级，不闻一句的抗呼声，王阳明，陆象山都要做内省的功夫，越求越内，孰知越看不见外界。最近日本普选，热闹得不亦乐乎，但是我们中国的男子尚且赶不上，何况闹女子参政呢？实际上实在够不上，德先生——民主政治——的精神在多数的人管理一个国家，多数的人参加一个政治的团体，像中国普选时举个曹锟做总统，实在不配，要晓得民治，实包含社会各方面的意义什么劳工解放妇女解放……等等问题，像外国的由十点钟而减为八点七点，还有种种卫生的设备和小孩不到成人年龄不准做工，反过来看我们自己国度里，工人十二点钟的工作很平常的事，工资的微薄，又为他国所不及！美国倒马桶的，每天要赚十六块美金合我国二十五元，我到佛雷特尔非霞省Philadelphia。看见他们的工人都有汽车坐的，像苏州路也没有。何况还坐汽车，即买了汽车，也只好放在手里玩玩，所以不要讲人家是资本主义的社会，实在他们对于妇人的保障，工人保障，都很有些可观，比不是资本主义的国家好，最近报上载鲁色尔的遗产税达一千八百万美金，合四千万中金，政府抽了后，替社会干事情，这实在等于社会色彩中的所得税，国家抽百分之四十所得税。即以之办社会事业，减少工作的时间，增加工人的工资，改善工人的生活，凡此种种。恐怕无论什么人多承认的。

最近吴稚晖先生，他还有进一步的建议，请一位道德Moral先生出来。我们知道西洋的道德，实在比东方无论何国都高，我举一例，一天，我要出国了，在美国的汽车上，忽然丢了四百块钱。汽车夫送到厂里，等了好几天，还写信来，叫我去拿，连酬报也一些不要，竟有路不拾遗的样子，但是不光是此种良好习惯就完了，实在他们还有良好的境遇，人家倒马桶的是这样，回转来看我们呢？一个老妇人，穿了褴褛的衣服，背上了篾丝篮，执了两片竹头，到垃圾堆里东寻西找，找到烧过的炭儿，他要的，找到剩余的肉骨头，也要的。能做人家所不能做的事，真的能力不如人家么？习惯不如人家么？还有坐洋车，我总觉有些不对，实无异以人作牛马。我们要用科学的方法，用我们的脑筋，想法去免掉人家的痛苦，提高人类的位置，这实在是真真的道德，我们不要骂人家是物质文明，要知道什么是物质？什么是机械？什么是马托文明？它能征服自然，能利用自然，如孔子之所谓"制器"配做世界的主人翁，反转来说：生了一脑两手，去垃圾堆里找肉骨头、烧豆腐吃。实在不能超过物质，被物质所限制，不能征服自然，而被自然所征服。所以我来结束一下。

模仿人家，不要害怕，我们要尽量提倡物质文明和民治精神。要提高人的位置，除去人的痛苦。因为世界上惟有伟大的民族，才肯学人家，能学人家，敢学人家，惟有不长进的民族，才不肯学人家，不能学人家，不敢学人家！

（原刊于《苏中校刊》第 1 卷第 1 期，1928 年，第 6~10 页）

## 胡适之博士演讲录

按，陈校长介绍辞中有"去年在海上晤胡先生即拟约来演讲，但坐未片刻见各书局催稿电话纷至沓来，想见先生文债之忙即亦未便要约"云云。

今天我来演讲，先有几种抱歉。一种就是陈校长去年来上海约我，我却不能就来，但应附带声明那几处书局里催稿子的电话，却并不是我预先买通的。第二就是今天摄影的时候，累诸位女同学多站了几时，我是很抱歉，但愿阳光增加诸位的年龄与健康来减少我的罪过。

陈校长说我们校里的学生等待先生来演讲，差不多腰驼背曲，耳聋眼花，但是今天并没有看见耳聋眼瞎的，所以我很快活。今天早上当我下车的时候就请陈校长出题目，可是她客气。后来见汪校长也不肯出，我自己也想不出什么题目，所以今天谈的可以说是无题，随便谈谈，不过主要的一点还是在女学方面。

我在前年十五年七月出去到十六年回来，在外国有十个月的时候回来，感觉得有很大的变迁。政治上的变迁在报上可以看见。北伐军一天一天的北进，战争和疆土上以及对外对内的变迁在报上也都能见到。但是有一件是报上所不能见的就是中国女子把头发剪掉，这不是皮毛的改革。诸位倘然不觉到重要，可以到日本去看。日本的维新早我国二十年，但是女子的头发没有剪掉，我去年回国在日本也耽搁过十四天，住在帝国旅馆，是东京一家最时髦的旅馆中，我留心观察只见过一个剪发的女子，其余都是梳最高的的髻，能简单一些就算革新了，所以剪发一事不可看做小事。辛亥革命第一件的成功把男子的头发剪掉；十六年的革命，又把女子的头发剪掉。若思想上、社会上、政治上的改革都能像女子剪发的决心，一切两段的决心，这也是国民性的表示，也是很好的现象。并且不但年轻的女子把头发剪了，就是胡适之太太——像我们总算是老辈！也把头发剪了。这回又跑到路上要走七天八夜风气很闭塞的内地！徽州去开风气去了，从前唐朝有个郑五善说歇后语，就是像讲"福"字不直称"福"却说是"天官赐"诸如此类。后来国家大乱，找不到人做宰相，因为他很滑稽，善于骂人，上谕下来叫他做宰相，他就关门大哭说："歇后郑五做宰相，时势可知矣。"现在我也来下一转语说："胡适之太太剪发，时势可知矣。"日本人很守旧，反对剪发，骂剪发的人为"毛断"，与英文 modern 一字谐音，于是称剪发的妇女为"a modern woman"。新妇女意即讥诮他们为"毛断"的妇女，我很希望这新字不限于"毛断",希望更进一步中国的新妇女应当这样。十年前陈校长在北京叫我到女子高等师范演讲稿子,在《胡适文存》第一集题目是《美国的妇人》,讲到美国妇女和他国妇人不同的一点——新!新并不希望单做贤妻良母,而希望做一个人,过他独立的人的生活,而后再做贤妻良母。我经过实验的观察,觉得做贤妻良母也是一件很难的事。做人是正当的本分,但是也是很难的事。积了十年的经验,觉得贤妻良母是很不容易的。除了贤妻良母之外,要做一个独立生活的人。我在美国见许多的同学结婚的结婚,生育的生育,他们请我去顽,我感觉得教育的效力在家庭方面最易显出看人家做母亲、老太太的法子。假如有了病孩,中国的办法很简,旧的人家求神问卜,新的人家请西医看看。不过医生不是养在家里的,有些地方也许没有医生可请,那就发生困难了。若讲到美国,那他们对于初生下来的小孩起就有饮食的支配,几个月吃多少加路里(kilolitre,原文如此,正确拼法应为 calorie——编者注)。怎样支配什么时候吃什么,什么时候吃代乳粉,自小至大逐渐变化都要依科学的方法去研究宣传出来,给人家把旧习惯打破而去应用,这都是一种智识,用新的科学方法去改革一切。他们对于饮食学(diet)是精进研究,也是很不容易的。至于要避免生病时医生难请的困苦,又不可不先养成些普通的医学常识。我有个朋友,他的孩子生病,他的夫人看护了三年,照医生的吩咐去看护,他很危险的,病孩居然能够渐渐好起来。但小孩因此只能读半天的书,还有半天他夫人把小孩子看护得很好。照此看来,做贤妻良母也不是容易的,能把新的智识应用到家庭方面到小孩子身上才算是一个贤妻良母,所以贤妻良母也不可看轻的。但是最低限度是要做个人,做人要有最低限度的能力，可以生活为最低限度的智识应付事物，最低限度的道德使他做社会上有用的分子，有机会做贤妻良母，再做贤妻良母。但是要做一个人怎样做呢？我在上海九个月，在一星期中不论是男子是女子总有几个书生来找我介绍事情，大学生、中学生都没有饭吃。我在外国有十多年不见的朋友，当初都是同时卒业的，十年中成功的成功，失败的失败。我是很奇怪，普通白种人也有成功的也有失败的，而犹太人的生活总比普通人好，我问他们什么缘故？他们说犹太上古相传的遗训，无论什么人做什么事，都要学一种可以吃饭的职业，譬如一面学律师，一面学织席子，学了一件事，预备到不得意的时候可以吃饭。十七世纪犹太的大哲学家 Spinoza（斯宾诺莎——编者注）他家中很有钱，为了意见不合从家里出来，他就磨玻璃水晶做眼镜，一面讲哲学，同时磨眼镜吃饭，所以犹太人无论学什么，在工作之外再有生利的职业！手艺！像我有个朋友他是学法律的，每逢夏天暑假期中他就拿了铝做的锅子、碗碟到乡下人家，对他们说铁做的东西怎样的不好，不如铝做的好，并且实地试验给他们看，拿自己的铝锅来替他们煮些菜，说明铝锅怎样的省时节费，用铁锅要煮二十分钟的，这铝锅只要五分钟就行了，时间既经济，燃料也要减省，或者把铝制的碗碟使用给他们看，使他们知道这是何等的轻巧并且容易洗涤。他竟想出类比的种种方法推广他的营业，所以他在十年之中从没有见犹太的朋友没有饭吃，所以要怎样做个人就是先要学吃饭的本领。现在有些女学生居然于读书之外到党部内去工作的，很多名利双收，似乎得着了绝好机会，那知因为国家经济困难不能持久。从前许多宣传机关同各级党部都停顿的停顿，解散的解散，这一班效力工作的也仍旧饭碗打破了，所以这种事不能算是职业，不过是偶然一种侥幸罢了。我们学界中人无论男女，应该在教育事业之外有一种手艺，各人喜欢那一种就做那一种，各就性之所近时常练习，当他顽意儿这样的去做，发展出去做将来自己的吃饭东西。像我学哲学的人，现在学校中能请我做哲学先生每月送三百块钱薪水的是很少的，所以我还靠文字为生活。

我对于无论是男的女的同学有一种意见，就是在读书以外应该把自己的嗜好充分的发展出去，如刺绣、弹琴、手工、跳舞等等，总之必须有一种顽意儿可以救急。现在的时代是一个危险的时代，是一个过渡时代，痛苦很多，对于父母不能抗议，甚至出嫁之后丈夫不好，因为自己不能独立生活，只有忍痛受辱。

普通教育不过是一种常识，给人最低限度的工具，不能赖他吃饭生活的，如中学毕业生没有人来请又奈何呢？将来大学发达之后，大学生到各地当教员，那中学生就不能谋生了，所以最好就是要向各方发展，像郑毓秀提倡女子理发，虽然看上去并不十分好，不过比了忍痛受辱总好些。所以做人的第一个要件就是自己时时刻刻留意一个吃饭的顽意儿，既可消遣，又可救急。像我有个朋友，徽州人，在美国时很受痛苦。因为官费停止，在外国靠他人的帮助是没用的。他善于画画，因此画了许多的画在小书店里寄卖，每张半块钱，暂时可以维持生活，后来人家见他画的很好，许多书店里都替他寄卖，结果居然借此得到大学毕业，所以在普通智识以外，至少要有一件可以吃饭的本领，这种能力也是做人所应有的。

其次讲到智识。我觉得现在的一般人对于智识很不看重，这也是有关于政治的，如什么打倒智识阶级啦，打倒贵族式的教育案啦，还有什么三不主义啦！不考试、不读书、不买书，他们以为尽有幸进的途径可以做什么秘书啦，科员啦，但是现在觉悟了，知道知识是很重要的，知识是能上轨道的，例如上海临时法院要招考十个录事，来了四百多人，去年也曾考过一次，额定能取二十多人也来了一千多人应试，由此可知智识的重要了。我们在社会上做人，要想判断是非是不容易的，单靠墙上的标语是不兴的。假如有一个女子有两个男子来求婚，或是你的母亲要把你嫁给你的表兄或是什么人，难道依了几个三民主义、建国方略就可以解决的么？所以知识是要活的才有用，此外如看闲书我也不反对，我曾经费了很多的功夫替《红楼梦》、《水浒》作序。

像你们现在十几岁到二十岁正是一个难得的时期，可以求学，可以顽笑，记忆力又好，又不忙烦，又不担责任，倘把这个时期错过了，不求一点基本的知识就很可惜了。但单靠先生书本上所讲的是没用的，不能算知识的，有些竟东耳朵进，西耳朵出了，即使听了能照样讲，这是一种耳入口出的，故荀子曰：口耳之间四寸耳。真知识不但是口到心到，还须动手做，如读外国文必须细细的考察字典，无论什么知识必须亲身去做才好。我读了三十年的经验，知道不动手决不能得有真正的知识！活智识譬如共产主义是什么？三民主义是什么？大概昌言这些主义的，也不过知道一些皮毛罢了，就是孔教、佛教中人也只是模模糊糊人云亦云呢。假如我对我的一个书记某小姊请你替我在这一些书内找一些材料，把紧要的东西摘出来做一个大纲，于是她必须翻字典，查参考书，做点笔记，经过这一番手续才算真知识。像马克思主义、帝国主义究竟是什么，必须经过动手查书的一番手续变成文章才可确实明白，更进一步就是能批评一种一种的主义了。像种梅花，单单先生讲的是没用的。种子怎样种法，怎样翻书，以后再自己去做才可以懂得。倘是未经过自己试验，不能算是真知识，所以要求一些知识！最低限度的知识非动手不可，如字典烂了才可算稍看外国书。《红楼梦》我可称是一个研究的专家，但是《红楼梦》这书究竟是什么一回事？那书里的人物真的影射的还是康熙呢？还是顺治呢？还是纳兰性德呢？总觉得以前他们这种考据有些牵强，后来我从著者曹雪芹着想曹雪芹究竟是怎样的人？查了许多书本找到了许多书料，都是关于曹雪芹的家世和他个人所经历的，才断定这《红楼梦》一书不过作者自况，并无影射别人的事实，成了一种——经学！专门的研究。现在真可算的此书的研究家的不过三个人，就是我和顾颉刚、俞平伯，《红楼梦》尚须动手，何况真知识呢？凡是许多的抽象名字都是假的，都是骗人的，要各人打定主意动手，要像读英文的去查生字，一般无论什么知识要活的，有用的都非动手不可，动手了才可算是真知识。

　　第三要讲到道德。道德的一科我也不知道你们校里的课程表有呢没有？从前我的先生杜威博士说千万不要把这道德拼一科，倘是有了就变成读国文一般，所以最好把修身、伦理等科废掉，然后注重各科，那样不是为道德呢？例如韩文公所做的《原道》一篇，起首四句是"博爱之谓仁，行而宜之之谓义，由是而至焉之谓道，足乎已无待于外之谓德"。怎样讲呢？就是说能普遍施其爱群之心叫做仁；做的合理正当叫做义；依了这正当的轨道而修养进行叫做道；自己涵养潜修，已有了充分的根基，能不为外力所转移无须待优良的环境来陶冶了，那才叫做德。譬如张某人对我说："你的哥哥杀人了。""你最好的朋友偷了人家的钱逃走了。"我决不信，因为我知道他们的品行，他在家庭在学校中的品格已成习惯，决不是这样的人。又如说张先生你去偷人家的一只表，可是他习惯养成了，几十年想做也不能做，所以向正当的路走去天天如此，到后来养成习惯变成品性，这就是道德。法人莫泊桑，我记得在他的著作中看见过一节故事说有夫妇两个变戏法，女人站在板前，那男的拿了一百把雪亮的刀，一把一把的从远处丢来，刚刚靠女人的面部、身部以及下肢四周很贴切，仿佛把刀当做粉笔（Chalk）画成一个像。但是有一次我留意到，觉得当那男子把刀向她脸庞丢去的时候，女人总向她一笑，带着冷俏讥刺的态度，我很怀疑，后来我和他认识了，我就问他："为什么你丢的时候，你的夫人总要对你冷笑，这笑和刀有什么关系呢？"他说："我们两人从小就不能离开，但是后来发现了她有对不起我的事，我就恨她，因此等到丢的时候就想多丢进半寸就可以结束她的生命了，那就外人看见，只认是失手误伤，不是可以不受什么大罪么？但是她已觉得我这用意，可是她又知道我练了几十年，练得很熟，丢刀的手法已成习惯，到了那时时手不应心不由我做主了，所以我每丢一刀，她总是冷笑一笑，我也奈何她不得。"变戏法尚且如此，何况做人呢？所以必定要循正当的路径而前进，养成道德再变成习惯才行。我现在既讲明做人是要有最低限度的能力，可以吃饭，独立生活；要有最低限度的智识，可以应付事物；要有最低限度的道德，可以不被外界诱惑。但是这种能力、智识和道德都要活的，要养成这活的能力，智识和道德都非自己动手不可。社会是万恶的，是危险的，谁都不能保没有不测，我们应凭什么做保障呢？那就全靠这三种做人最低限度的要素——能力，智识和道德。我是教育的门外汉，本来谈不到什么教育，不过我此刻却记起一桩故事来了。中国有一派和尚叫禅宗，宋朝有一法演和尚，他就是禅宗派。某日有人问他禅宗是什么，他说我讲一个故事罢。有一家做贼吃饭的人家，一个老贼他有一个儿子，年纪已大了。一天，儿子问老子说："爸爸我年纪也不小了，应该学些本领吃饭。爸爸年纪也老了，倘有意外，这么怎好呢？趁现在教我些本领，那将来才能养爸爸。"老贼说："很好，这话果然不错。"于是这天晚上他就教儿子跟他跑到了一家房屋高大的人家，他就在墙上掘了一个洞，二人一同进去，在里面寻到了一个所在有一口大柜，老贼拿了百宝钥匙把机关开了，叫儿子进去，他再把柜锁了，于是他就喊起来说："你家有了贼！"他就从洞里走了，人家听见这呼声都起来了，看见一个洞，但是东西一点都没有少很奇怪，小贼也很奇怪，"为什么爸爸把我关在这里？"他想什么都不管，只要能出去就行了，后来给他想出主意来了。他就学老鼠咬衣服的声音，外面主妇听见柜子里有老鼠就叫丫头拿了烛火来开柜子，小贼就跳出把烛火吹熄了，把丫头推倒就逃出来。那家人家在后面追，他逃到一条河边，他就把一块大石丢到水里，追的人以为贼已下河，就没有望前追他，他就得回到家里。那时老贼正在家里喝酒，小贼就说："爸爸，你为什么把我关在里面？"老贼说："你莫管。你且同我说怎得出来的？"小贼就告诉他。老贼说："哼，你有饭吃了，你本领学到了。"不想近代教育中所讲的设计教育那千年前老和尚的这节故事中的老贼，已发明了他教小贼的法，真是刮刮叫的设计教育，假如小贼在里面喊起爸爸来必定要给人家捉住，遭一顿打，还要做监牢，人家还要说这是活该的，所以我想设计教育也不过如是罢了。

（原刊于《苏州女子中学月刊》第1卷第5~6号，1929年，第15~19页）

## 图书在版编目(CIP)数据

立干以扶枝：中国近代思想文化史基本议题十讲 /
瞿骏著. -- 北京：社会科学文献出版社，2023.10
　ISBN 978-7-5228-1490-2

Ⅰ.①立…　Ⅱ.①瞿…　Ⅲ.①思想史－中国－近代－
文集②文化史－中国－近代－文集　Ⅳ.①B25-53
②K250.3-53

中国国家版本馆CIP数据核字（2023）第040697号

## 立干以扶枝
——中国近代思想文化史基本议题十讲

著　　者 / 瞿　骏

出 版 人 / 冀祥德
组稿编辑 / 李丽丽
责任编辑 / 石　岩
责任印制 / 王京美

出　　版 / 社会科学文献出版社·历史学分社（010）59367256
　　　　　地址：北京市北三环中路甲29号院华龙大厦　邮编：100029
　　　　　网址：www.ssap.com.cn
发　　行 / 社会科学文献出版社（010）59367028
印　　装 / 北京盛通印刷股份有限公司

规　　格 / 开　本：889mm×1194mm　1/32
　　　　　印　张：6.875　字　数：155千字
版　　次 / 2023年10月第1版　2023年10月第1次印刷
书　　号 / ISBN 978-7-5228-1490-2
定　　价 / 69.00元

读者服务电话：4008918866